T0198673

Was würde Amazon tun?

Markus Fost

Was würde Amazon tun?

Und was Unternehmen von
Amazon lernen können

Markus Fost
FOSTEC & Company GmbH
Stuttgart, Deutschland

ISBN 978-3-658-14564-4   ISBN 978-3-658-14565-1 (eBook)
https://doi.org/10.1007/978-3-658-14565-1

Die Deutsche Nationalbibliothek verzeichnet diese Publikation in der Deutschen Nationalbibliografie; detaillierte bibliografische Daten sind im Internet über http://dnb.d-nb.de abrufbar.

Springer

Coverdesign: deblik Berlin

Lektorat: Angela Meffert
Springer ist ein Imprint der eingetragenen Gesellschaft Springer Fachmedien Wiesbaden GmbH und ist ein Teil von Springer Nature.
Die Anschrift der Gesellschaft ist: Abraham-Lincoln-Str. 46, 65189 Wiesbaden, Germany

Geleitwort

„Gnadenlos"

Liebe Leserin, lieber Leser,

wenn ich mich mit Führungskräften und Inhabern von Industrieunternehmen unterhalte, dann höre ich auch heute immer noch häufig den Satz: „Mit Amazon haben wir in unserer Branche gar nichts zu tun." Nenne ich dann einige Beispiele und Fakten aus meiner Beratungstätigkeit, folgt zumeist ein großes Erstaunen – welches sich in Respekt und immer häufiger auch in Furcht wandelt.

Denn „Gnadenlos" ist mittlerweile omnipräsent.

Es war 1994, als in Seattle ein Start-up gegründet wurde, welches sich die Internet-Domain www.relentless.com als Firmenbegriff sicherte. Übersetzt ins Deutsche heißt „relentless" schlicht und einfach „unerbittlich, gnadenlos". Der Gründer des Unternehmens, Jeff Bezos, ließ sich von Freunden allerdings noch umstimmen und firmierte fortan unter „Amazon.com", nachdem noch einer der ersten Firmennamen „Cadabra" abgelehnt wurde. Wobei die Domain noch immer aktiv ist – wenn Sie sie eingeben, erfolgt die sofortige Verlinkung auf die Seite von Amazon.

Betrachtet man die Erfolgsgeschichte dieses Unternehmens, ist die gnadenlose Gründeridee bis heute wirksam und wird es wohl auch zukünftig sein. Denn Amazon hat das geschafft und perfektioniert, was viele Firmen immer wieder versprechen, aber nur selten wirklich halten: das wahre Kundenbedürfnis erfüllen!

Dazu zählt auch Amazon Prime als Mittel zur Kundenbindung. Diesen Service bietet Amazon seit dem Jahr 2007, zu den Leistungen gehören zum Beispiel Gratisexpresslieferung, Video- und Musik-Streaming oder Speicherplatz. In Deutschland nutzen geschätzt bereits 20 Prozent der Bevölkerung, immerhin 17 Mio. Bundesbürger, diesen Dienst und in den USA sind es bereits 100 Mio.

Das breite Serviceangebot führt dazu, dass die Kunden häufiger mit Amazon interagieren – beispielsweise beim Anschauen eines Videos. Die steigende Anzahl der Kontaktpunkte liefert mehr Informationen zum Kundenverhalten und steigert auch die Wahrscheinlichkeit, dass man mit den Marketingaktivitäten („Prime Day") in Kontakt kommt, sich mit Amazon verbunden fühlt oder einfach gerade etwas braucht und sich dies dann auf problemlosem Weg direkt beschafft. Das Denken aus Sicht des Kunden – die stetige Suche nach der Antwort auf die Frage, was der Kunde wirklich will – ist die DNA, der genetische Code, und somit der Erfolgstreiber dieser Firma.

In diesem Buch wird aufgezeigt, was Amazon ausmacht, wie es „inside Amazon" aussieht und was die Zukunft bringen kann. Aus diesen Betrachtungen angereichert mit interessanten Fakten sowie Beispielen können Sie wertvolle Überlegungen für Ihre eigene Unternehmensstrategie ableiten.

Ein wichtiger Nutzen resultiert auch aus der Expertise von FOSTEC & Company als den führenden Beratern von Industrie, Marken und Handel, wenn es um den Aufbau und die Umsetzung von Handelsstrategien auf dem Amazon-Marktplatz oder den Aufbau von E-Commerce oder neuer digitaler Organisationseinheiten geht.

Diese Art von Pragmatismus passt gut zur provokanten „Position der einfachen Fragen", die Jeff Bezos für sich einnimmt. Sinnbildlich aufgezeigt in der Tatsache, dass es in wichtigen Meetings bei ihm anscheinend immer einen freien Stuhl gibt, auf dem der imaginäre Kunde Platz nimmt. Dessen mögliche Überlegungen, Fragen und Wünsche haben prägenden Einfluss auf alle weiteren Ideen, Prozesse, Produkte und die Kommunikation. Hinzu kommt, dass der Amazon-Weg von einem unablässigen Streben nach Innovation geprägt ist. Die hierzu kritisch geäußerten Kommentare von selbst ernannten Branchengurus hat Bezos geflissentlich überhört – sei es bei der Expansion über sein Kerngeschäft „Online-Handel mit Medienprodukten" hinaus, bei der raschen Ausrichtung auf internationale Märkte, dem Aufbau des Online-Marktplatzes für externe Händler oder der Nutzung der Amazon-Rechenzentren für Dritte.

Beim genauen Blick auf Amazon wird auch deutlich, dass dies bei weitem keiner der so häufigen zentralistischen US-Konzerne ist, sondern vielmehr eine Ansammlung von Unternehmen und Start-ups. Das empfindet Jeff Bezos als wichtig. Seinen Aktionären schrieb er im Jahr 2016: „Ich glaube, wir sind der beste Ort der Welt, um zu scheitern (wir haben darin viel Übung!), und Scheitern und Erfindung sind untrennbare Zwillinge." So etwas habe ich von hiesigen CEOs noch nie gelesen.

Nicht scheitern wird er mit dem am 6. Dezember 2016 auch in Deutschland gestarteten Bereich „Amazon Business". Für mich, seit nunmehr 35 Jahren vorwiegend im Bereich „Business-to-Business" beratend tätig, war dieser Angriff von Amazon auf die technischen Produkte, die industriellen Lieferketten, Zulieferstrukturen bis hin zum Großhandel keine echte Überraschung. Viel gravierender ist die Tatsache, dass auch hierauf mit Ignoranz reagiert wurde. So konnte man beispielsweise im Frühjahr 2018 in einer Pressemitteilung zu einer Studie in puncto Einkaufsverhalten im Sanitär-Heizungs-Klima-Handwerk lesen, dass Amazon ein „Wald- und Wiesen-Händler" sei. Falsch! Denn Amazon ist kein Handelsunternehmen. Amazon ist ein Technologie- und Handelsinfrastrukturunternehmen. Es ist höchste Zeit, sich intensiver mit ihm zu beschäftigen.

Dieses Buch, da bin ich mir sehr sicher, regt sowohl zum Nachdenken wie auch zum Denken an. Beides sollte bei Führungskräften nie zu kurz kommen. Denn die Dynamik der Veränderung lässt sich nicht aufhalten. Sie entsteht am Markt und bei den Kunden, sie wird beschleunigt durch Firmen wie Amazon, die sich nicht um tradierte Strukturen kümmern und ganze Wertschöpfungsketten im Alleingang digitalisieren.

Ich lege Ihnen dieses Buch aus zweierlei Gründen ans Herz. Einerseits, weil Sie nach dem Lesen mit großer Wahrscheinlichkeit mehr Strategieimpulse für Ihre Firma haben als zuvor, andererseits, weil das Buch auch Mut macht, aus gewohnten Strukturen auszubrechen und Neues zu wagen. Dafür wünsche ich Ihnen viel Erfolg.

Filderstadt   Wolf Hirschmann
im Herbst 2020   Strategieberater Marketing
                        & Vertrieb Unternehmer,
                        Beirat und Aufsichtsrat,
                        Buchautor, Business-Spea-
                        ker www.slogan.de

Vorwort

Liebe Leserinnen und Leser,

als Strategieberater werde ich seit einigen Jahren häufig von Unternehmensinhabern, Geschäftsführern und Private Equity Investoren gefragt: „Welchen Einfluss hat Amazon auf unsere Branche?" Für Letztere ist die Antwort auf diese Frage entscheidend dafür, ob eine Investition in ein Unternehmen erfolgen kann. Ist Amazon bereits in einem Markt eingetreten oder ist es wahrscheinlich, dass Amazon in diesen Markt einsteigen wird, lassen professionelle Investoren, aber inzwischen auch Banken ihre Finger von einem Investment.

Sich als Unternehmen mit Amazon in einem Markt zu duellieren, wird von Profis daher als nicht sehr erfolgversprechend angesehen. Grund genug, sich als Unternehmer und Manager die Frage zu stellen: „Was würde Amazon tun?" Zweifelsfrei ist Amazon als Blueprint einer modernen Plattformökonomie aus Sicht von Industrieunternehmen nicht nur das wertvollste, sondern auch das spannendste Unternehmen unserer Zeit, von dem man viel lernen kann.

Für die meisten Menschen ist Amazon ein E-Commerce-Händler aus Seattle, der in Deutschland mit Büchern gestartet ist und inzwischen alles anbietet, was als Produkt nachgefragt wird. Nach näherer Betrachtung ist Amazon jedoch weitaus mehr als ein E-Commerce-Händler. Grund genug, sich mit dem vorliegenden Buch aus der Metaperspektive kommend dem Geschäftsmodell von Amazon anzunähern und es in seine Einzelteile zu zerlegen. Dies hilft, um den Grund zu verstehen, warum Amazon zu einem der wertvollsten Unternehmen unserer Zeit aufgestiegen ist, dessen weiteres Wachstum aus meiner Sicht nur durch eine Regulierung zu bremsen ist.

Aus der Erfahrung von inzwischen über 200 Projekten für multinationale Unternehmen aus sämtlichen Branchen könnten die Sichtweisen nicht ambivalenter sein als beim Thema Amazon. Für die einen ist das Unternehmen der wesentliche Wachstumstreiber im Vertrieb (was wir quantitativ regelmäßig beweisen können) – für die anderen ist es ein gnadenloser Kunde, der maschinenartig seine Prozesse und Konditionen diktiert, mit wenig Rücksicht auf die Beziehungsebene (was sich ebenso nicht von der Hand weisen lässt).

Was also Fluch und Segen für Amazons Partner und Stakeholder darstellt, ist eine herausragende unternehmerische Leistung von Jeff Bezos und seinem Team, die bei näherem Hinsehen auf das Geschäftsmodell aus dem kompromisslosen Streben nach der besten Lösung für den *Kunden* (und nicht den *Lieferanten*) resultiert, bei dem in Kauf genommen wird, dass es Amazon auf diesem Weg nicht allen (Stakeholdern) recht machen kann (und will).

Das vorliegende Buch soll Unternehmen, Managern und Wirtschaftsinteressierten aufzeigen, was man bei der Konzeption und Iteration von Geschäftsmodellen von Amazon lernen kann. Hierzu sollte der Leser die Unternehmensphilosophie von Amazon genauso gut verstehen wie deren Ökosystem der Plattformökonomie und den Fokus auf langfristige Investition in sehr große Märkte bei stetiger Iteration der eigenen Geschäftsmodelle.

Neben den Verlierern durch die „Amazonisierung" wie z. B. dem stationären Handel, gibt es auch diverse Gewinner durch den Amazon-Effect. Wohlwissend, dass wir die Evolution durch Digitalisierung und E-Commerce nicht aufhalten können und wollen, soll das vorliegende Buch dazu beitragen, dass aus der „Amazonisierung" wesentlich mehr Gewinner als Verlierer hervorgehen können, wenn Unternehmer und Entscheider in Unternehmen offen genug sind, von Amazon zu lernen. Hierfür wurde das vorliegende Buch verfasst.

Natürlich freuen wir uns über Fragen und Feedback jeglicher Art. Was können wir an diesem Buch besser machen? Was hat Ihnen besonders gut gefallen? Wo haben Sie eine andere Meinung? Wie konnte Ihnen das Buch helfen, um Optimierungspotenzial in Ihrem Unternehmen zu identifizieren?

Schreiben Sie uns gerne an: publikationen@fostec.com

Wenn Sie dauerhaft auf dem Laufenden bleiben möchten, folgen Sie uns auf:

* Website: https://www.fostec.com/de
* LinkedIn:https://de.linkedin.com/company/fosteccompany
* Xing: https://www.xing.com/companies/fostec%26 companygmbh
* Facebook: https://de-de.facebook.com/FOSTECCompany
* Twitter: https://twitter.com/fostec_de?lang=de

Ich möchte mich bei meinen Kolleginnen und Kollegen bei FOSTEC & Company bedanken, die an der Entstehung dieses Buchs mitgewirkt haben. Ein Buch neben dem Projektgeschäft in einer Strategieberatung zu schreiben, ist eine Herausforderung, die neben dem Einsatz vor allem Herzblut erfordert.

Darüber hinaus gilt mein Dank auch all denjenigen, die uns außerhalb von FOSTEC & Company unterstützt haben. Unseren Kunden, Adrian Hotz, der als Ideengeber und Sparringspartner für das Buch fungierte und auch das erste Lektorat vornahm, unserer Lektorin bei Springer Gabler, Frau Angela Meffert, für die gewohnt sehr professionelle und angenehme Zusammenarbeit und allen voran meiner Ehefrau – Saba Fost. Ohne ihren jahrelangen Support wäre die Erfolgsgeschichte von FOSTEC & Company nicht möglich gewesen.

Stuttgart, Deutschland   Markus Fost
November 2020

Inhaltsverzeichnis

Teil III Was folgt nach Amazon Day 1 – Zukunftsvision und Gefahren

Einleitung

Das Internet ist ein fester Bestandteil unseres Lebens und kaum jemand kann sich diesem im Privat- und Berufsleben entziehen. Es ist jedoch nicht mehr nur ein Teil unseres Alltags, sondern vielmehr findet unser Alltag im Internet statt. Es ist ein Ort der Begegnung, des Informationsaustauschs und der -beschaffung, vor allem jedoch ein zentrales Element unserer Konsumkultur. Wie sehr unsere physische Realität durch ihr virtuelles Pendant substituiert wird, zeigen Konsum und Handel besonders eindrücklich, denn jedes einzelne Element des realen Erwerbs von Gütern wird online abgebildet: Rezensionen, die eigene Community auf Social-Media-Kanälen, Influencer und der Online-Kundenservice bieten Produktbewertungen und Empfehlungen, welche die Beratung im Ladengeschäft ersetzen.

Besonders spannend daran ist, dass die Beratung aus Sicht des Konsumenten sogar optimiert stattfindet, denn er kann aus einer Vielzahl an Produkten sowie Bewertungen wählen und vertraut dem Urteil anderer Konsumenten und Influencer oft mehr als dem eines Verkäufers im stationären Handel. Die Informationen bei der Produktauswahl sind deutlich umfassender und es lassen sich mehr Produkte

© Springer Fachmedien Wiesbaden GmbH, ein Teil von Springer Nature 2021
M. Fost, *Was würde Amazon tun?*,
https://doi.org/10.1007/978-3-658-14565-1_1

miteinander vergleichen. Der Konsument steht einer beinahe grenzenlosen Auswahl gegenüber, die die Regalkapazität im stationären Handel bei Weitem übersteigt. Und der Handel selbst? Auch dieser lässt sich durch das Internet immer besser in unseren Alltag integrieren. Die Öffnungszeiten richten sich nach unserem persönlichen Zeitplan, Bestellungen können jederzeit und von überall aufgegeben werden und die Produktauswahl lässt keine Wünsche offen. Innerhalb weniger Tage erreicht die Bestellung den Endkunden, in einigen Fällen auch von Übersee. Und doch ist der Handel, soweit er inzwischen auch online abgewickelt wird, schon allein durch die physische Gestalt der gekauften Waren fest in der realen Welt verwurzelt. Die Buzzwords der Stunde sind daher Begriffe wie Multi-, Cross- und Omni-Channel und immer mehr Branchen generieren einen großen Teil ihres Umsatzes über den E-Commerce. Jeder neu entstehende Kanal und jede neu erschlossene Branche verändert auf der einen Seite die Einkaufserfahrung des Kunden, auf der anderen Seite aber auch die Bedingungen des Werbens, der Preisfindung, der Logistik sowie des Verkaufsprozesses auf Händler- und Herstellerseite. Das eigene Handeln muss entlang dieser Veränderung immer wieder neu hinterfragt und angepasst werden, denn auf Dauer wird der Kunde ein nahtloses Einkaufserlebnis über verschiedene, sich stetig wandelnde Kanäle hinweg verlangen. Dazu kommt die abnehmende Loyalität des Konsumenten gegenüber einem Händler oder Hersteller, welche die Weiterentwicklung im Handel zunehmend beschleunigt.

Das Unternehmen, das den Umgang mit diesem Wandel nicht nur meisterhaft beherrscht, sondern ihn auch in einer atemberaubenden Geschwindigkeit wie kein anderes vorantreibt, ist Amazon. Der Handels- bzw. inzwischen Technologiegigant erreichte im Jahr 2019 über 250 Mrd. Euro Umsatz, was 29 Prozent Wachstum im Vergleich zum Vorjahr entspricht. Amazon verkauft mehr Elektronik, Spielzeug und Bücher als jedes andere Unternehmen der westlichen Welt und verfügt über das beliebte Kundenbindungsprogramm Prime, welches den Kunden besser versteht als jemals ein Unternehmen zuvor. Daher rührt wohl ein oft begangener und durchaus verständlicher Fehler her, Amazon als Einzelhändler zu betrachten. Doch das Unternehmen befasst sich neben dem Verkauf von Waren mit vielen weiteren Thematiken. Begannen kaufwillige Menschen ihre Suche im Internet noch vor wenigen Jahren mit dem Besuch einer Suchmaschine, gehen sie heute direkt zu Amazon und geben ihren Suchbegriff dort ein. Passend dazu, dass Amazon selbst als Suchmaschine auftritt, wird der Inhalt dort nicht nur gelistet, sondern Amazon verfügt mittlerweile auch über mehr als 80 Eigenmarken und lässt tausende von Produkten produzieren, von Baby-Tüchern der Amazon-Eigenmarke Mama Bear über Bekleidung, etwa unter den Labels James & Erin oder Lark & Ro, Werkzeug von Denali, bis hin zu Ladekabeln von Amazon Basic (siehe Abb. 1).

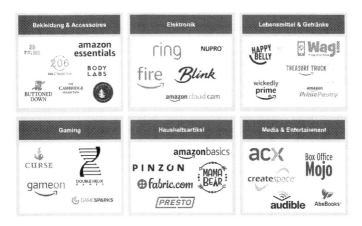

Abb. 1 Eigenmarken von Amazon (Auszug). (Quelle: FOSTEC & Company)

Darüber hinaus agiert Amazon in der Filmbranche als Produzent und bietet Restaurantbestellungen, Kredite, Produktversicherungen sowie Medikamente an. Ein „Einkaufsbummel von Jeff Bezos" endete gar damit, dass Amazon die Supermarkt-Kette Whole Foods kaufte, und so gibt es nun auch Nahrungsmittel im stationären Handel von Amazon.

Setzt man all diese Puzzleteile zusammen, offenbart sich die Vision von Jeff Bezos, Amazon zu der Infrastruktur zu machen, die nicht allein dem Online-Handel, sondern der gesamten Wirtschaft zugrunde liegt. Amazon ist schon heute von diesem Ziel nicht weit entfernt. Die Amazon-Website ist die weltweit dominierende Online-Plattform für E-Commerce. Amazon liefert mit seiner Web-Service-Sparte beinahe 50 Prozent der weltweiten Cloud-Computing-Kapazität (Position nach Umsatz siehe Abb. 2) und das Unternehmen baut zudem die Distributionsinfrastruktur immer weiter aus, um die Paketlieferung für sich und andere übernehmen zu können.

Der Wandel vollzieht sich branchenübergreifend im Online-Geschäft und die Neuerungen und Weiterentwick-

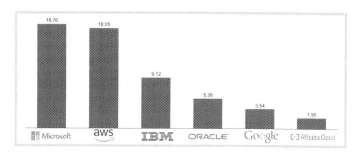

Abb. 2 Top 6 Cloud-Computing-Unternehmen nach Umsatz weltweit [2018; Mrd. Euro]. (Quelle: Dignan 2018)

lungen nehmen Einfluss auf alle Bereiche des E-Commerce. Und doch legt mit Amazon ein einzelnes Unternehmen als Primus die Bedingungen für den Warenhandel fest. Ein Grund dafür ist unter anderem die schiere Größe und Finanzkraft des Unternehmens, die zu großen Teilen auch aus anderen Bereichen herrührt, wie etwa den Web-Services. Durch sie wäre Amazon auch zu jahrelang andauernden Preiskämpfen in der Lage. Doch vor allem die enorme und beinahe unbändige Innovationskraft und Kundenorientierung tragen entscheidend dazu bei, dass Amazon den aktuellen Trends mindestens einen Schritt voraus ist und diese daher in bedeutendem Maße mitgestaltet.

Anleger und Kapitalgeber des Silicon Valley sind sich des Ausmaßes der gegenwärtigen Entwicklungen bewusst, was die Höchststände im Kurs-Gewinn-Verhältnis (KGV) der Amazon-Aktie erklärt. Immer klarer zeichnet sich für die Zukunft ein Monopol ab, das spektakuläre Renditen erwirtschaften wird. Das Besondere dabei ist, dass es sich nicht um eine Monopolstellung innerhalb einer Branche handeln wird, sondern um das Monopol des Online-Handels an sich. Dies unterstreicht Amazons bereits erwähntes Vordringen in den Lebensmittelbereich durch Akquisitionen von Whole Foods und weiteren stationären Discountern oder der Einstieg in den Medikamentenversand. Neben der sukzessiven Erweiterung der Wertschöpfung im Handel ist Amazon dabei, mit der Advertising Plattform das größte Werbenetzwerk weltweit zu werden. Und der Weg dafür scheint geebnet: Amazon verfügt über die hochwertigsten Daten, vor deren Qualität selbst Google und Facebook resignieren, da ausschließlich Amazon über Transaktionsdaten verfügt, während bei Google und Facebook die Customer Journey mit der Such- oder Selektionsphase deutlich früher endet (siehe dazu auch Abb. 7 in Abschn. 3). In den USA erfolgt zudem jede vierte mobile

Suchanfrage über Sprachbefehle, wo Amazon mit Alexa und der Echo-Hardware-Familie führend ist.

Amazon als reines Online-Phänomen zu betrachten, ist nicht weitreichend genug. An den neuen Tätigkeitsfeldern von Amazon ist zu erkennen, wie die Grenzen zwischen dem Online- und Offline-Shopping verschwimmen. Durch das Vordringen in den stationären Handel wird es Amazon nun sogar offline ermöglicht, nutzbare Daten über die Kunden zu sammeln, um das Shoppingerlebnis in Zukunft noch weiter zu individualisieren und zu optimieren. Die 470 Whole-Foods-Filialen legen vor allem den Grundstein für einen weiteren Nutzen, der die Zukunft des Handels bestimmen könnte: Die Filialen bieten erstklassige Standorte für Last-Mile-Lieferungen.

Noch schnellere Warenlieferungen werden es ermöglichen, die letzten Bastionen des stationären Handels einzunehmen, weitere Informationen über die Kunden zu sammeln und anhand der Lieferadressen Bewegungsdaten zu ermitteln. Eine schnelle Auslieferung der Waren wird künftig ohnehin eine der Schlüsselkompetenzen sein, um die Monopolstellung im Online-Handel zu behalten, zumal bestehende Logistikdienstleister wie DHL, Hermes, UPS & Co. bereits an ihren Kapazitätsgrenzen angelangt sind. Sollte Amazon es darüber hinaus schaffen klassische Lieferdienste wie FedEx oder UPS zu schwächen, würde dies die Stellung gegenüber anderen Online-Verkäufern weiter stärken. Folglich würde sich Amazon als unersetzlicher Lieferdienst positionieren, ohne den die Waren den Kunden nicht erreichen könnten – ein weiteres Schreckensszenario für die internationalen Kartellwächter. Abwegig ist dies nicht, denn die klassischen Spediteure tun sich in der Bewirtschaftung der letzten Meile schwer, weswegen es in diesem Bereich üblich ist, dass Lieferdienste wie foodora ihre eigenen Logistikketten für die letzte Meile aufbauen, jedoch auch neue Anbieter wie zum Beispiel easy2go auf den deutschen Markt drängen.

Somit wird eines deutlich: Wollen Unternehmen vor dem Hintergrund dieser Entwicklungen am Markt bestehen, führt kaum noch ein Weg an Amazon vorbei. Nicht zuletzt durch den Prime-Service und die digitale Assistentin Alexa schaffte es Amazon, zum wichtigsten Lieferanten in Millionen von Haushalten zu werden. Ein Vergleich der Kunden zwischen Amazon und anderen Anbietern findet dabei kaum statt, vielmehr wird Amazon selbst als Vergleichsplattform genutzt. Immer weniger Markenhersteller und Händler, vom Großkonzern bis hin zu kleinen, unabhängigen und stationären Läden, können ihre Kunden direkt erreichen. Neben dem Risiko, den Anschluss zu verlieren, haben alle Marktteilnehmer, ob groß oder klein, die Möglichkeit, von der Amazon-Plattform zu profitieren, um ihren Platz am Markt zu behaupten.

Das Manko dabei ist die Sammlung und Verwendung der Unternehmensdaten, die Amazon durch den Verkauf auf der Plattform erhebt, um anschließend die Konkurrenten zu analysieren. Verkauft ein Unternehmen beispielsweise ein beliebtes Produkt, ist die Wahrscheinlichkeit groß, dass Amazon schon bald mit einem ähnlichen Produkt an den Markt geht, dabei in den Suchererergebnissen jedoch prominenter platziert wird. Mit Hilfe der großen Datenmengen, die Amazon vorliegen, sowie der automatisch ablaufenden Algorithmen und Auswertungen kann ein neues Produkt innerhalb weniger Wochen lanciert werden. Dieses Risiko besteht jedoch nahezu ausschließlich bei Produkten, die kaum Differenzierungsmöglichkeiten besitzen und zum Bereich der leicht austauschbaren Commodities zählen. So weist die Amazon-Eigenmarke z. B. in den USA im Bereich Alkaline-Batterien einen Marktanteil von mehr als 95 Prozent auf der Amazon-Plattform auf. Verstehen die Unternehmen jedoch das System Amazons, können sie mittels Amazons Verkaufsmaschine Erträge erwirtschaften, die allein über die hauseigenen Vertriebskanäle und die traditionellen Händler- und Großhändler unmöglich zu erreichen wären. Dafür sind aber Know-how und ein Verständnis der Vorgehensweise z. B. wie Produkte auf Amazon sichtbar platziert werden erforderlich und eine Verhandlungsstrategie hinsichtlich Konditionen und Verträgen, die mit Amazon vereinbart werden, damit eine Win-win-Situation für den Lieferanten und Amazon entsteht. Die Informationsasymmetrie, welche die umfassende Amazon-Plattform für Lieferanten mit sich bringt, nutzt Amazon als Eigentümer der Plattform, um Bedingungen und Preise gegenüber Markenherstellern, Lieferanten und Großhändlern zu seinen eigenen Gunsten zu beeinflussen. Um die Chance des hohen Umsatzpotenzials über Amazon zu nutzen, sollten Marken strukturiert vorgehen und sich gut vorbereiten. Elementar ist, ein tief gehendes Verständnis von Amazons Funktionsweisen sowie vor allem eine individuelle Amazon-Strategie für die eigene Amazon-Präsenz zu entwickeln, um Amazon als Verkaufskanal zu nutzen und erfolgreich aus Vertragsverhandlungen mit Amazon herauszugehen.

Amazon folgt einem datengetriebenen, rationalen Vorgehen, weil die meisten Entscheidungen durch Algorithmen getroffen werden. Macht man sich dies bewusst und betrachtet Amazon als einen Teil der Digitalisierung, die unaufhaltsam Veränderungen mit sich bringt, eröffnen sich für Unternehmen gleichermaßen neue und erfolgversprechende Wege in eine digitale Zukunft der Distribution.

Ein wichtiger Teil dieser Veränderungen in der digitalen Welt ist das Verhältnis von Unternehmen zu ihren Kunden. Amazon verinnerlichte diesen Umstand wie kaum ein anderes Unternehmen unserer Zeit. Das Ziel von Amazon besteht darin, jeden Kauf für den Kunden so mühelos und angenehm wie möglich zu gestalten. So gibt es kein anderes Unternehmen, das schneller und zuverlässiger als Amazon liefert und derart kulant mit Reklamationen umgeht, wodurch die Beliebtheit Amazons stetig ansteigt. Damit geht einher, dass Amazons Infrastruktur, die inzwischen das Rückgrat des Online-Handels bildet, immer mehr Einfluss auf unsere Art des Einkaufens nimmt. Neben der E-Commerce-Infrastruktur stellt Amazon die größte Logistik- und Advertising-Lösung bereit, welche auch von dritten Handelspartnern genutzt werden kann, die über den Marketplace verkaufen. Bitten wir etwa Alexa darum, uns neue Handtücher zu schicken, werden uns zahlreiche Eigenmarken Amazons zur Auswahl gestellt. Die Kindle-Bestsellerlisten werden vermehrt Bücher enthalten, die Amazon selbst veröffentlicht hat, und beim Streaming werden wir immer mehr Filme und Serien finden, die Amazon selbst produziert hat. So einflussreich und mächtig Amazon auch scheinen mag, liegt die Marktmacht im Internet nicht mehr bei den Unternehmen, sondern verschiebt sich stetig in Richtung Kunden. Wir als Kunden können online auf eine Vielzahl von Informationen sowie Auswahlmöglichkeiten zurückgreifen und innerhalb von Sekunden Preise und Produkte vergleichen. Letztlich ist es der Kunde, der nicht nur im Fokus der Bemühungen steht, sondern vor allem auch über Erfolg oder Misserfolg eines jeden Unternehmens entscheidet und im Falle Amazon aktiv am Aufbau des Handelsimperiums beteiligt ist. Die kontinuierliche Verbesserung des eigenen Systems und die kundenorientierte sowie -zentrierte Vorgehensweise in Hinblick auf die Kundenmacht ist wahrscheinlich das eigentliche Geheimnis hinter dem Erfolg des Handelsgiganten.

Der Orientierung der meisten Unternehmen an einer kurzfristigen Steigerung des Unternehmenswerts liegt der bekannte Shareholder-Value-Ansatz zugrunde. Nach diesem Ansatz sowie an kurzfristigen Gewinnen wird oft die Top-Management-Riege in den hiesigen Unternehmen gemessen. Doch zeigt Amazon das Grundprinzip der Digitalisierung und des Aufbaus von Plattform-Ökosystemen in einem Satz auf: „It's all about the long-term" (amazon.com 2019).

Amazon ist nicht auf schnelle Profite ausgerichtet, sondern handelt langfristig strategisch. Obwohl das einige Unternehmensentscheidungen für Außenstehende im ersten Moment schwer fassbar macht, wird Amazon dafür zu einem der spannendsten Unternehmen unserer Zeit gekürt. Jeder Schritt Amazons wird von der Presse, Öffentlichkeit und Wirtschaft mit einer Mischung aus Faszination, Respekt und teilweise Furcht verfolgt und analysiert: In der Vergangenheit konnte gesehen werden, dass Amazon dazu in der Lage ist, ganze Branchen innerhalb kurzer Zeit für sich einzunehmen.

So zählt heute zu den ersten Fragen von Investoren an ihre potenziellen Portfolio-Unternehmen, welche Unique Selling Propositions (USP) ihr Unternehmen gegenüber Amazon hat. Dabei fordern Investoren ihre Manager zu einer Simulation der Geschäftsentwicklung bei einem Markteintritt von Amazon auf. Da nur sehr wenige Unternehmen und Geschäftsmodelle ihre USPs bei einem direkten Markteintritt von Amazon verteidigen können, sinken deren Unternehmensbewertungen entsprechend, sobald Amazon einen Markteintritt ankündigt bzw. Analysten diesen befürchten. Vorreiter ist sicherlich der US-amerikanische Einzelhandel, welcher die „Amazonisierung des Handels" vollumfänglich erleben musste, wie Abb. 3 eindrucksvoll untermauert.

Doch was macht den enormen Erfolg des Unternehmens aus Seattle aus? Die Antworten auf diese Frage möchten wir

Abb. 3 Börsenwert der größten Handelsunternehmen in den USA [Stand 11.03.2019, Mrd. Euro]. (Quelle: FOSTEC & Company in Anlehnung an YCharts 2019)

Ihnen im Rahmen der vorliegenden Lektüre detailliert aufzeigen. Die Bedrohung zu verstehen, ist nicht schwer, mit ihr umzugehen, ist eine viel größere Herausforderung. Unser Anspruch ist jedoch, dass dieses Buch dazu beiträgt, von dieser Herausforderung zu lernen. Denn Amazon digitalisiert komplette Industrien: Verlage, Händler, Hersteller und Lieferanten, B2B-Unternehmen, Versicherungen – und sogar Dienstleister wie den Gärtner um die Ecke – und wird zum Hauptwettbewerber großer Softwarekonzerne wie IBM oder Microsoft. Kaum ein Unternehmen ist vor Amazons disruptiver Kraft und der Fähigkeit, sich neu zu erfinden, sicher – nicht einmal Amazon selbst: Noch vor wenigen Jahren war das zentrale Geschäft von Amazon das Versenden von CDs, DVDs und Büchern. Heute gibt es für Amazon-Prime-Kunden Filme, Musik und viele Bücher direkt als Download bzw. Videostreaming. Die Opfer heißen Thalia, Weltbild, Neckermann, Media-Saturn und viele andere. Wobei auch Amazon-eigene Tochtergesellschaften wie z. B. LoveFilm, die auf den Versand von DVD und BlueRay spezialisiert war und zum 31. Dezember 2017 eingestellt wurde, von Amazons Entwicklung nicht verschont bleiben. Grund genug, um die Zusammenhänge und die wirtschaftlichen Konsequenzen der zunehmenden Amazonisierung einfach und verständlich im Rahmen dieses Buches darzustellen.

Auch wenn Amazon oft in erster Linie als Handelsunternehmen wahrgenommen wird und in diesem Bereich zweifelsohne erfolgreicher ist als irgendein anderes Unternehmen es jemals zuvor war, ist es doch viel mehr. Amazon ist Händler und zugleich Handelsplattform für tausende weitere Händler, denen der Marktplatz eine ideale Infrastruktur bietet. Amazon ist auf dem Weg, das größte Werbenetzwerk weltweit zu werden und hierbei Unternehmen wie Facebook oder Google hinter sich zu lassen. Zudem betreibt Amazon mit den Amazon Web Services (AWS) einen der erfolgreichsten und am meisten genutzten Cloud-Services weltweit. Mit Alexa revolutioniert Amazon nicht nur das Marketing, sondern nimmt auch eine Vorreiterposition in der Entwicklung künstlicher Intelligenz ein. Dadurch können die Weichen für die Struktur des Internet 4.0 gelegt werden, in dem wir mittels der Sprache – unserem natürlichen Kommunikationsmedium – mit dem uns umgebenden Netz interagieren. Um die Vielfältigkeit der Amazon-Geschäftsmodelle zu veranschaulichen, zeigt Abb. 4 die gesamten Umsätze der Amazon-Gruppe im Jahr 2018 nach Geschäftsbereich.

Die derzeitigen Hauptgeschäftsbereiche von Amazon lassen sich in die folgenden vier Business Units unterteilen:

* **Amazon Online-Stores (ca. 53 % der Gesamtumsätze)** Handelsumsätze, welche Amazon mittels des Vendor- bzw. Retail-Modells erzielt, indem Ware bei Lieferanten eingekauft und an Kunden verkauft wird.

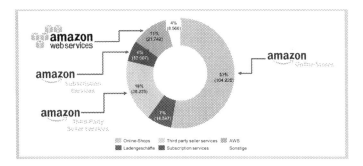

Abb. 4 Umsatzverteilung der Amazon-Gruppe [2018, %, Mrd. Euro]. (Quelle: FOSTEC & Company in Anlehnung an Amazon 2019)

* **Amazon Third Party Seller & Subscription Services (ca. 18 % der Gesamtumsätze)**
  Provisionserlöse, welche aus dem Amazon-Marketplace-Modell generiert werden. Die Provisionen liegen je nach Warengruppe und Land bei 5 bis 20 % und orientieren sich am Brutto-Verkaufspreis.
* **Amazon Web Services (AWS, ca. 11 % der Gesamtumsätze)**
  Cloud-Service-Palette, welche Amazon vorwiegend Unternehmenskunden anbietet. Dieser Geschäftsbereich ist der profitabelste Bereich für Amazon.
* **Amazon Advertising (ca. 4 % der Gesamtumsätze)**
  Erlöse von Amazon mit digitaler Werbung gehören abgesehen vom Umsatzanteil (aktuell ca. 4 %) nicht zu den Hauptgeschäftsbereichen von Amazon, zeigen aber ein hohes dynamisches Wachstum.

Betrachtet man diese Hauptgeschäftsbereiche, auf die wir in den folgenden Kapiteln noch detailliert eingehen werden, so stellt man fest, dass sie für Amazon ein nahezu

unbegrenztes Marktvolumen haben und dass die Ausschöp-
fung des Wachstumspotenzials seitens Amazon noch bei
Weitem nicht ausgereizt ist. Darüber hinaus gibt es kein
Unternehmen in der Wirtschaftsgeschichte, welches die
Wertschöpfungskette seiner Hauptgeschäftsbereiche derar-
tig stark revolutioniert wie Amazon. So distribuiert der
einst reine Buchhändler im Geschäftsbereich „Products"
Produkte jedweder Kategorie, welche von Drittherstellern
produziert und durch Amazon eingekauft werden. Dieses
Geschäftsmodell nennt sich „Vendor"- oder auch „Retail"-Modell. Darüber hinaus öffnete Amazon Anfang der
2000er-Jahre seine Plattform auch als Marktplatz und ermöglichte Drittanbietern die Nutzung der Plattform gegen
eine Gebühr im sogenannten „Seller"- bzw. „Marketplace"-Modell. Im Jahr 2013 begann Amazon unter der
Eigenmarke „Basics", selbst Handelsware zu distribuieren,
und bietet mittlerweile ein produktgruppenübergreifendes
Eigenmarken-Portfolio an.

Selbiges geschieht auch auf anderen Wertschöpfungsebe-
nen wie zum Beispiel der Logistik, wo Amazon in der Vergangenheit mit verschiedenen Logistikmodellen arbeitete,
jedoch stets auf bestehende Carrier wie DHL, Hermes oder
UPS in Deutschland abstellte. Inzwischen öffnet Amazon
analog zu Uber seine Plattform für Drittanbieter, sodass
Privatpersonen und Kleingewerbetreibende, die einen Van
oder Lkw besitzen, für Amazon Pakete ausliefern können.
Da Amazon der weltweit größte Kunde der Fracht- und Lo-
gistikunternehmen ist, setzt die Vertikalisierung der Wertschöpfungskette Amazons die gesamte Logistikbranche
derart unter Druck, dass sich diese aktuell in einer Art öko-
nomischem Gefangenendilemma befindet. Denn Logistik-
unternehmen können ihre Preise gegenüber Amazon nicht
erhöhen, um so die zwingend erforderlichen Logistikinno-
vationen zu finanzieren.

Dieses Beispiel zeigt auf, wie wichtig es ist, sich im Umgang mit Amazon eine langfristige Strategie zurechtzulegen, da eine Vielzahl der Unternehmen im Hinblick auf die Abhängigkeit von Amazon einen „Point of no Return" erreichen, der nach Überschreitung kaum mehr zu revidieren ist.

Literatur

Amazon. (2019). *10k report.* https://ir.aboutamazon.com/sec-filings?field_nir_sec_form_group_target_id%5B%5D=471&field_nir_sec_date_filed_value=&items_per_page=10. Zugegriffen am 11.03.2019.

amazon.com. (2019). Shareholder letters from 1997 to 2016. https://qz.com/work/1135467/what-i-learned-from-jeff-bezos-after-reading-every-amazon-shareholder-letter/. Zugegriffen am 11.03.2019.

Dignan, L. (2018). Top cloud providers 2018: How AWS, Microsoft, Google, IBM, Oracle, Alibaba stack up. https://www.zdnet.com/article/top-cloud-providers-2018-how-aws-microsoft-google-ibm-oracle-alibaba-stack-up/. Zugegriffen am 14.08.2019.

YCharts (2019). Börsenwert der größten Handelsunternehmen in den USA. https://ycharts.com/dashboard/. Zugegriffen am 11.03.2019.

Teil I

Inside Amazon – Charakteristik eines der wertvollsten Unternehmen unserer Zeit

Unternehmensphilosophie von Amazon

Die Geschichte der Amazon-Firmengründung im Jahr 1994 als Start-up in einer kleinen Garage im Raum Seattle ist legendär. Jeff Bezos stand kurz zuvor noch in den Diensten David E. Shaws und war erfolgreich als Investment-Banker tätig. Gerüchten zufolge hatte Shaw selbst über die Möglichkeiten des Internethandels nachgedacht, doch Bezos griff die Idee auf und überlegte sich, was sich im Internet gut verkaufen ließe. Dass seine Wahl auf Bücher fiel, war rein pragmatischer Natur: Bücher muss man nicht anprobieren, sie verderben nicht und ihre Handhabung und Transport sind unproblematisch. Vor allem kann den Kunden über den Online-Handel ein deutlich größeres Produktsortiment als vor Ort angeboten werden. Als Bezos seinem Chef von seiner Idee berichtete, lautete dessen Antwort: „Das ist eine sehr gute Idee, aber es wäre eine noch viel bessere, wenn Du nicht schon einen guten Job hättest." Doch noch in demselben Jahr gab Jeff Bezos seinen Job auf und machte sich daran, den Online-Handel zu revolutionieren. Heute ist Amazon kein reiner Online-Buchhändler mehr, sondern gehört zu den erfolgreichsten Unternehmen der globalen Wirtschaftsgeschichte und gilt als Blueprint der modernen Plattformökonomie.

© Springer Fachmedien Wiesbaden GmbH, ein Teil von Springer Nature 2021
M. Fost, *Was würde Amazon tun?*,
https://doi.org/10.1007/978-3-658-14565-1_2

Doch bis dahin war es ein langer und steiniger Weg und nicht immer verlief für das aufstrebende Unternehmen alles nach Plan. Nach der Euphorie der ersten Wachstumsphase zogen bereits zwei Jahre nach Firmengründung dunkle Wolken auf – in Form des Giganten der Buchhandelsbranche Barnes & Noble, der ebenfalls einen Online-Buchshop startete. Zu der Zeit hatte Amazon gerade etwa 125 Mitarbeiter, Barnes & Noble hingegen 30.000. Das sich anbahnende Szenario glich dem Kampf Davids gegen Goliath und die Stimmung bei Amazon war entsprechend gedrückt. Kaum einer glaubte daran, dass Amazon unbeschadet aus diesem Wettbewerb hervorgehen könnte, nicht einmal die sonst so enthusiastischen Mitarbeiter von Amazon selbst. Und doch schaffte es das kleine Start-up, sich zu behaupten und das Rennen für sich zu entscheiden. Sich nicht auf den Konkurrenten zu konzentrieren, sondern auf die Kunden, war die richtige Strategie von Amazon.

Damals rettete diese Einstellung wohl die Moral der Mitarbeiter und war der einzig mögliche Weg, als Start-up im Wettbewerb mit den großen und etablierten Unternehmen zu bestehen. Doch den Kunden in den Mittelpunkt aller Bestrebungen zu stellen, war angesichts kräftemäßig überlegen erscheinender Wettbewerber nicht nur eine kurzfristige Problemlösung, sondern diese Haltung bereitete den Weg, selbst dieser gefürchtete Gegner zu werden. Bis heute ist es die Strategie von Barnes & Nobles, das Gleiche wie Amazon zu tun, nur eben ein wenig später. Während Barnes & Noble kurz vor dem Bankrott steht, erwirtschaftet Amazon heute hingegen jeden zweiten mit Büchern verdienten Dollar in den USA. Nachstehend zeigen wir 15 Erfolgsprinzipien Amazons, die maßgeblich die Erfolge des Unternehmens ermöglichten.

1   Absoluter Kundenfokus

Doch auch, wenn Amazon heute als der große, schöpferische Zerstörer im Sinne von Joseph Schumpeter gilt und als gnadenloser Gigant angesehen wird, der sich Unternehmen und Branchen einverleibt, um selbst die Marktführerschaft zu erlangen, gilt: Es geht Amazon eigentlich nie wirklich um die Disruption des Wettbewerbs. Im Gegenteil, Jeff Bezos denkt all seine Geschäftsmodelle aus Sicht der Kunden. Aus dieser Denkweise ergeben sich zum Teil völlig neue Geschäftsmodelle. Gedanken an den Wettbewerb nehmen bei seinen Entscheidungen wenig Raum ein. Daher sind alle Manager bei Amazon dazu angehalten, darüber nachzudenken, was Amazon tun kann, um Kunden das zu bieten, was sie auch tatsächlich haben wollen. So gibt es in jedem Meeting mit Jeff Bezos einen freien Stuhl, auf dem der imaginäre Kunde Platz nimmt. Drei Aspekte hebt er besonders hervor:

* **Erfüllung unbewusster Kundenbedürfnisse**
  Bezos vertritt die Ansicht, dass sich ein Unternehmen zwar auf seine Konkurrenten, Produkte oder Technologie konzentrieren sollte. Doch der seiner Meinung nach allerbeste Hebel für den Unternehmenserfolg besteht darin, Kundenbedürfnisse an die erste Stelle zu setzen. Dabei müssen die Bedürfnisse der Kunden jedoch nicht immer mit deren Wünschen übereinstimmen. Das Kundenbindungsprogramm Amazon Prime ist beispielsweise nichts, was die Kunden von sich aus als Wunsch äußern würden, was aber dennoch ihre Bedürfnisse erfüllt und äußerst erfolgreich ist.
* **Gute Prozesse sind nicht automatisch die richtigen Prozesse**
  Sobald ein Unternehmen wächst, wird es über kurz oder lang Prozesse für einen reibungslosen Ablauf standardi-

sieren und optimieren müssen. Darüber hinaus darf man aber nicht vergessen, die Prozesse permanent zu hinterfragen, denn gut laufende Prozesse bedeuten noch lange nicht, dass es auch die richtigen Prozesse sind.

* **Statistische Umfragen dürften nicht überbewertet werden**

Bezos vertraut nicht allein auf statistische Ergebnisse. Wenn beispielsweise 80 Prozent der Kunden in einer Befragung angeben, sie seien mit einer Funktion, so wie sie ist, zufrieden, heißt das noch lange nicht, dass diese wirklich gut ist. Unternehmen sollten vielmehr versuchen, ein tief greifendes Verständnis ihrer Kunden zu erlangen. Und dies ist über statistische Umfragen allein nicht zu erreichen.

Amazons Prinzipien für einen bedingungslosen Kundenfokus

Amazon betreibt diese Art von kundenorientiertem Vorgehen in Perfektion. Der bedingungslose Kundenfokus des Unternehmens geht sogar so weit, dass Amazons erklärtes Ziel ist, das kundenorientierteste Unternehmen der Welt zu sein, weshalb die Konzentration auf den Kunden jeden Tag und jede Handlung der Amazon-Mitarbeiter bestimmt. Das Feedback seitens der Kunden wird dort nicht als lästige Zusatzaufgabe gesehen, sondern permanent verarbeitet und gefordert. Die umfassende Bearbeitung einzelner Rückmeldungen ist für Amazon die „Voice of the Customer" und wird gesamtheitlich im Unternehmen wahrgenommen.

Die Entscheidungsfindung basiert auf objektiv messbaren Daten, doch auch Meinungen und Anekdoten werden nicht einfach abgetan, sondern als Verbesserungspotenzial für Amazon aufgefasst. So wird jedes Anliegen individuell bearbeitet, um die bestmögliche Lösung für den Kunden zu finden, die im Idealfall nicht nur das bestehende Problem löst, sondern ihn bestenfalls sogar erneut für das Unternehmen und das Produkt begeistert. Der Kern von Amazons Innovationen basiert also nicht auf der ausgeklügelten Marktforschung, sondern vielmehr darauf, Kundenwünsche und -bedürfnisse zu verstehen und alle Prozesse optimal am Kunden auszurichten. Der Kunde steht bei dieser Strategie im Zentrum der Geschäftstätigkeit des Unternehmens. Darüber hinaus kommen proprietär entwickelte Customer-Relationship-Management-Lösungen, welche eine Fülle von Kundendaten erfassen, zum Einsatz, wodurch ein umfassender Überblick über alle Kundenaktivitäten geschaffen wird. Die Kundendaten werden zu den unterschiedlichsten Zwecken eingesetzt, um zum Beispiel

* **Kaufverhalten**, die Interessen und das Engagement des Kunden zu verstehen und künftige Kaufentscheidungen vorherzusehen,
* **Möglichkeiten**, welche Produkte und Dienstleistungen für die Kunden hergestellt und angeboten werden können, zu erkennen und
* **Customer Lifetime Value** einzusetzen, um Kunden nach ihrer Ausgabenhöhe zu segmentieren.

Die Ausrichtung auf den Kunden dient aber nicht nur dazu, den Kunden zu binden, sie steigert auch den Umsatz. Wie wirtschaftlich sinnvoll ein solcher Ansatz ist, zeigt sich etwa in einer Untersuchung von Deloitte, die zu dem Ergebnis kommt, dass kundenorientierte Unternehmen um 60 Prozent profitabler sind als Unternehmen, die keine auf den Kunden ausgerichtete Strategie verfolgen. Was Amazon beim absoluten Kundenfokus zugutekommt, sind die beachtlichen Mengen an Kundendaten, über die das Unternehmen verfügt. Zwei der wichtigsten Kundenmetriken für kundenorientiert agierende Unternehmen sind die Abwanderungsrate (sogenannte Churn-Rate) und der Customer Lifetime Value (CLV), also der Wert, welcher mit einem Kunden entlang der gesamten Geschäftsbeziehung generiert werden kann. Generell lässt sich festhalten, dass die Gewinnung neuer Kunden immer schwieriger wird und Unternehmen in der Digitalwirtschaft zunehmend mehr investieren, um bestehende Kunden zu gewinnen und zu halten. Die Gründe hierfür sind, dass

* die Gewinnung von Neukunden bis zu fünfmal mehr kostet, als Bestandskunden zu halten und
* eine Erhöhung der Kundenbindung um 2 Prozent den gleichen Effekt auf den Gewinn wie eine Kostensenkung um 10 Prozent hat.

Da Unternehmen im Durchschnitt mehr als 10 Prozent ihrer Kundenbasis in den ersten 12 Monaten verlieren, ist es für den Unternehmenserfolg wichtig zu verstehen, warum Kunden gehen und warum sie bei einem Unternehmen bleiben. Daher sollten die Mühen und Aufwendungen, welche die Entwicklung hin zu einer kundenorientierten Organisation mit sich bringt, einen Manager nicht abschrecken. Erst als kundenorientierte Organisation schaffen es Unternehmen, das wahre Potenzial ihres Kundenstammes zu erschließen.

Amazon Prime als Paradebeispiel für die Kundenbindung
Amazon gehört zu den wenigsten Unternehmen, die sowohl bereit sind, sich immer wieder neu zu erfinden, als auch gleichzeitig zu 100 Prozent kundenorientiert sind. Das hilft Amazon, die Kunden in der schnelllebigen Zeit des E-Commerce über Jahre an sich zu binden.

Die Antwort auf die Frage, wie Amazon das schafft, liefert das Unternehmen mit dem Prime-Universum, das ein ebenso geniales wie vollkommen neues Kundenbindungsinstrument ist. Amazon Prime entführt die Kunden in einen Shopping-Club, den sie nicht mehr verlassen müssen und innerhalb dessen sie sich von Angebot zu Angebot bequem bewegen können, welches versandkostenfrei ausgeliefert wird. Prime als eine Mischung aus einem Bonus- und Loyalitätsprogramm mit Abonnementcharakter ist ein genialer Marketing-Schachzug. Prime kombiniert also versandkostenfreie Warenlieferungen mit Zugängen zu Prime Video und Prime Music, den Video- und Musik-Streaming-Angeboten. Darüber hinaus erhalten Kunden Zugänge zu Prime Photos, für das Amazon unbegrenzten Speicherplatz zur Verfügung stellt, auf Twitch Prime lassen sich Videospiele vorbestellen und auf Amazon Pantry können Lebensmittel und Drogerieartikel bestellt werden, während Prime Reading den Abonnenten monatlich ein kostenloses E-Book zur Verfügung stellt. Zudem bietet Prime ein Spezialangebot für die Amazon-Tochter Audible und einen Familienrabatt auf Windeln im Rahmen von Amazon Family.

Die Kunden sind dabei Mitglieder einer Prime Community und zahlen dafür eine Gebühr, die jährlich oder monatlich geleistet wird. Je mehr sie bestellen, desto mehr haben sie das Gefühl, von Prime zu profitieren. Das im Jahr 2005 eingeführte Programm erfreute sich großer Beliebtheit und knackte im Jahr 2012 in den USA die Hürde von 10 Mio. Teilnehmern, 2018 waren es weltweit über 100 Mio. (siehe Abb. 1). Allein im Zeitraum von 2015 bis 2018 stieg die Zahl der Prime-Kunden von 40 Mio. auf ca. 101 Mio. Menschen, was einer Compound Annual Growth Rate (CAGR) pro Quartal von 6 Prozent entspricht.

Das bedeutet, dass nahezu jeder dritte Einwohner in den USA ein Amazon-Prime-Kunde ist. Was macht Prime so

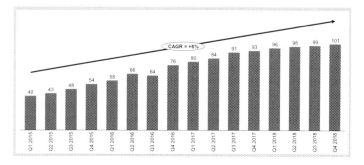

Abb. 1 Anzahl der Amazon-Prime-Kunden [Mio. Stk.; USA]. (Quelle: Statista und Consumer Intelligence Research Partners 2019)

interessant für die Kunden? Mit Prime lancierte Amazon ein kostenpflichtiges Treueprogramm, bei dem die Kunden für ausgewählte Artikel von einer Versandkostenbefreiung profitieren (etwa reduzierte Gebühren beim Expressversand). Daneben bestehen für Prime-Mitglieder ein kostenloser Zugriff auf die Kindle-Leihbibliothek und Prime Video, unbegrenzter Speicherplatz für Bilder und kostenloses Streaming über Prime Music.

Der Preis für den Dienst liegt aktuell bei 69 Euro pro Jahr und wurde beginnend mit einem Preis von 19 Euro über die vergangenen Jahre sukzessive angehoben, was den beim Kunden wahrgenommenen Wert für Prime untermauert. Auch bei der Neukundengewinnung macht Amazon einem Kunden die Entscheidung einfach: Der Amazon Prime Day lockt mit satten Rabatten und ruft jedes Jahr einen Anstieg der Mitgliederzahlen hervor. Zum Einstieg wird ein kostenloser Testmonat gewährt. Der Ausstieg ist mit nur einem Monat Kündigungsfrist jederzeit möglich. Dadurch macht Amazon die Entscheidung für Kunden leicht, während die Möglichkeit, unkompliziert aus dem Prime-Programm auszusteigen, das Kundenvertrauen aufbaut.

Nicht nur die vielen Prime-Kunden, sondern auch Amazon profitiert von der Wirkung seines Loyalitätsprogramms. Dank der schnellen Lieferung mit dem Gratisversand bestellen die Prime-Kunden häufiger, was Amazons Umsatz erhöht.

Ebenso wirken sich die Abo-Gebühren auf die Wahl des Anbieters aus und führen zu einer klaren Fokussierung des Kunden auf Amazon. Zudem wird der Kunde durch Prime für Amazon transparenter, da Amazon nicht nur über die Nutzung der E-Commerce-Angebote Datenpunkte sammelt, sondern auch durch die Nutzung der Musik- und Videostreaming-Dienste. Ob mit oder ohne den Voice-Service Alexa: Amazon sammelt eine Vielzahl an Daten, um Kunden bessere Angebote unterbreiten zu können. Dadurch wird die Amazon-Produktsuchmaschine zunehmend relevanter und beliebter. So konnte Amazon die Branchenriesen wie Google und Bing bei der Produktsuche bereits heute ablösen (siehe Abb. 2).

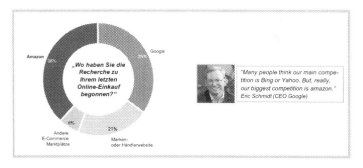

Abb. 2   Amazons Relevanz als Produktsuchmaschine [%]. (Quelle: FOSTEC & Company in Anlehnung an Sterling 2016)

Die zunehmende Bindung an Amazon Prime führt
außerdem zu einer abnehmenden Preissensitivität bei
Prime-Produkten, da diese, obgleich ein wenig teurer als die
Marketplace-Produkte, durch den Wegfall der Versandkosten doch die bessere Alternative für den Kunden sind. Ein
erfolgreiches Upselling ist auch bei den Streaming-Diensten
zu beobachten. So können z. B. die ersten Staffeln einer Serie kostenfrei angesehen werden. Wenn der Kunde auf eine
bestimmte Serie fixiert ist, ist der Schritt zum bezahlten
Streaming der nicht kostenfreien Staffeln schnell getan.
Wie hoch der wahrgenommene Kundennutzen ist, wurde
auch bei einem Preissprung des Abo-Dienstes von zuletzt
49 auf 69 Euro sichtbar. Trotz der relativ hohen Differenz
kündigten nur wenige Kunden ihr Abo. Somit schafft Amazon mit Prime eine doppelte Zielerreichung:

* Amazon Prime ist der in Deutschland inzwischen am
  häufigsten genutzte Streamingdienst. Entsprechend begehrt sind die an dieser Stelle zu vergebenden Werbe-
  plätze. So lassen sich sowohl Transaktionen als auch die
  Zeit, die die Kunden auf der Plattform verbringen, ge-
  winnbringend für Amazon monetarisieren.
* Die Daten, welche die Kunden bei der Nutzung von
  Amazon Prime hinterlassen, machen Amazon zu einem
  gefährlichen Wettbewerber für Facebook und Google,
  deren Kundendaten auf die Produktsuche und -selektion
  im Rahmen der Customer Journey beschränkt sind
  (siehe Abb. 7 in Abschn. 3).

Amazon Prime vereint somit alle Seiten der Customer
Centricity par excellence. Nahezu alle Kundenbedürfnisse
werden antizipiert und es wurde ein Dienst geschaffen, der
den Kunden das Shopping vereinfacht und viel angeneh-
mer gestaltet.

2   Customer Centricity im E-Commerce

Im Zeitalter der Digitalisierung bricht für den Handel und die Dienstleistungsbranche zunehmend die geografische Exklusivität weg. Dies bedeutet, dass Unternehmen heute in einem globalen Markt, in dem der Wettbewerb nur wenige Sekunden und Mausklicks entfernt ist, miteinander konkurrieren. Die Customer Centricity ist damit der wesentliche und vermutlich auch einzig nachhaltige Wachstumstreiber für Unternehmen. Was aber bedeutet Customer Centricity und wie lässt sich diese in einer traditionellen Unternehmenskultur verankern?

Wesentliche Treiber der Customer Centricity

Der Erfolg von Amazon ist im Wesentlichen der Strategie des bedingungslosen Kundenfokus zuzuschreiben, welcher fest in der Unternehmenskultur verankert ist. Hilfreich dabei ist es laut Bezos, die Strategie auf Dinge auszurichten, die gleichbleiben, anstatt sie auf vorübergehende Phänomene zu stützen. Denn diese Faktoren werden sich derart schnell verändern, dass die Strategie kaum so schnell nachziehen kann. Bei einer kundenorientierten Strategie hingegen ist dies recht einfach: Kunden wollen eine große Auswahl, niedrige Preise und eine schnelle Lieferung. Hieraus beschrieb Jeff Bezos das Geschäftsmodell von Amazon bei einem Abendessen auf der Tischdecke als „Napkin Scratch" wie in Abb. 3 ersichtlich.

Neben einer größeren Produktauswahl, einer schnellen Lieferung und niedrigen Preisen sorgt die optimierte Customer Centricity für mehr Traffic auf der Amazon-Plattform. Daraus entsteht für immer mehr Anbieter ein höherer Anreiz, ihre Produkte und Dienstleistungen über Amazon anzubieten. Demzufolge vergrößert sich die Produktauswahl

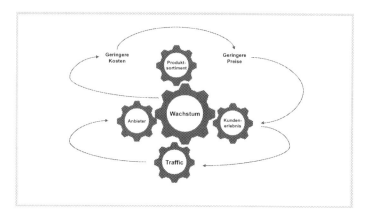

Abb. 3 Flywheel von Jeff Bezos. (Quelle: FOSTEC & Company)

weiter. Das „Amazon Flywheel" dient dabei als Basis der modernen Plattformökonomie. Dadurch kommt Bezos unter anderem zu einer anderen Ansicht, wie Marketing aussehen sollte. Sieht die klassische Aufteilung vor, dass 30 Prozent der Unternehmensressourcen in die Entwicklung eines Serviceangebots und 70 Prozent in dessen Vermarktung investiert werden sollten, dreht sich dieses Verhältnis angesichts der absoluten Kundenorientierung von Amazon und Jeff Bezos diametral um (siehe auch Abschn. 3).

Weitere Vorteile einer bedingungslosen Customer Centricity: Die Bedürfnisse des Kunden bleiben grundsätzlich konstant und ermöglichen daher eine langfristige Strategie. Um diese kontinuierlich zu verbessern, müssen Kontrollmechanismen eingebaut werden, die die Richtigkeit der Strategie-Annahmen regelmäßig überprüfen. Im Gegensatz dazu neigen konkurrenzorientierte Firmen dazu, nachlässig zu werden, wenn die Benchmarks Höchstwerte erreichen und sie sich zu den Besten zählen können. Schwierige Entscheidungen werden bei Amazon stets aus der Sichtweise des Kunden getroffen. Die zentrale Frage ist dabei: „Was ist besser für den Verbraucher?" Der Fokus auf den Kunden ist in der Amazon-Kultur derart allgegenwärtig, dass jeder Mitarbeiter, ungeachtet seiner Position, in seinem ersten Jahr bei Amazon eine Weile in den Fulfillment-Centern und alle zwei Jahre zwei Tage im Kundendienst arbeitet.

Bedeutung von Customer Centricity für Unternehmen
Die oben aufgeführten Spielregeln messen der Customer Centricity nicht nur eine hohe Bedeutung bei, sie machen sie sogar zum wichtigsten Erfolgselement unserer Zeit. Denn im Grunde sollten Kunden für Unternehmen jeder Art den Mittelpunkt all ihrer Überlegungen und Handlungen bilden, unabhängig davon, ob es sich um eine Dienstleistung oder ein Produkt handelt. Die Kunst des E-Commerce besteht infolgedessen darin, passive Besucher zu aktiven Kunden zu machen. Dies gelingt einerseits durch die Befriedigung einer Nachfrage (sei diese bereits da gewesen oder geschickt durch das Unternehmen hervorgerufen worden) und andererseits durch eine Emotion. Denn Kunden, die sich wertgeschätzt fühlen, sind nicht nur eher kaufbereit, was zu höheren Conversion Rates führt, sondern binden sich dadurch auch bei der nächsten Bestellung an das Unternehmen.

Wie sieht Customer Centricity im E-Commerce aus?
Leicht denken wir bei Begriffen wie Customer Centricity an zuvorkommende Verkäufer und hofierte Kunden im stationären Handel, die durch eine persönliche Ansprache zum Kauf verleitet und zum Wiederkommen animiert werden sollen. Die dahinterliegende Logik ist bestechend einfach: Menschen möchten positive Gefühle wieder erfahren und die positive Bestärkung, die sie an einem bestimmten

Ort erfahren, wieder erleben. Allerdings sind im E-Commerce das Gespräch von Angesicht zu Angesicht und der persönliche Faktor nicht möglich. In Ermangelung einer persönlichen Beziehung ist gegenüber Händlern keine Kundenloyalität gegeben. Dadurch werden Händler als reine Erfüllungsgehilfen bei der Befriedigung der Kundenbedürfnisse angesehen. Die Markenloyalität steht dabei unter dem Einfluss von Online-Reviews und Erfahrungswerten anderer Nutzer sowie der Prozessqualität in der Abwicklung eines Auftrags. Kunden vertrauen oft solchen Reviews mehr als Empfehlungen von Verkäufern in stationären Geschäften. Daher ist der einzige Weg zur nachhaltigen Kundenbindung, dass der Einkaufsprozess in all seinen Phasen an die Kundenbedürfnisse angepasst wird. Wie man als Unternehmen Kontakt zu Kunden aufnehmen kann, ist deshalb nicht entscheidend. Viel wichtiger ist zu wissen, wie und wann Kunden das Unternehmen kontaktieren möchten. Ob die Kontaktaufnahme schriftlich oder mündlich geschieht, entscheiden die Kunden. Interne Unternehmensprozesse und -strukturen sind in einem kundenorientierten Ansatz zweitrangig.

Den Übergang von einem (traditionellen) geschäftsorientierten zu einem kundenorientierten Ansatz meisterte Amazon mit Bravour. Der Schlüssel zu Amazons Erfolg ist der richtige Kundeneinblick: mit Menschen zu sprechen und die richtigen Fragen zu stellen. Eine halbherzige Kundenbefragung alle zwei Monate ist dabei keine Lösung. Die Bedeutung der Customer Centricity sollte in ihrer vollen Tiefe erfasst werden und als Gewohnheit ins tägliche Handeln übergehen. Um das Kundenvertrauen zu gewinnen und zu bewahren, sollte eine wahrhaft kundenorientierte Umgebung geschaffen werden.

Deshalb bedeutet Customer Centricity im E-Commerce: Prozesse und Funktionen in Unternehmen sollten von

Kundenvorlieben und -wünschen abhängen. Dabei werden die Empathie und „sich in den Kunden hineinversetzen" zum entscheidenden Element. Primär gilt das für die folgenden, essenziellen Teile des Kaufprozesses:

* **Kommunikationswege**: Kunden bestimmen, wann und über welche Kanäle (Telefon, E-Mail, Chat, Social Media) sie mit dem Unternehmen in Verbindung treten. Die internen Prozesse müssen entsprechend daran angepasst werden.
* **Marketing**: Die Individualisierung von Produkt- und Serviceangeboten sollte online erfolgen und persönliche Kundenwünsche berücksichtigen.
* **Lieferung**: Ebenso wie die beiden vorherigen Punkte erfährt auch die Lieferung eine Individualisierung und passt sich an Kundenwünsche und -bedürfnisse an. Dies bedeutet nicht nur, den Lieferprozess zu beschleunigen, sondern auch, z. B. kurzfristige Änderungen des Lieferortes zu ermöglichen.

Die optimale prozessuale Unternehmenskommunikation im Rahmen des Bestellprozesses sollte diese drei Bereiche behandeln. Darüber hinaus sollte sie Kunden die richtigen Nachrichten zur richtigen Zeit über die passenden Kanäle zukommen lassen. Gelingt das, wird die Basis dafür geschaffen, Kunden zu zeigen, dass das Unternehmen in ihrem Sinne handelt und ihre Wünsche erfüllen möchte. Eine gelungene Kommunikation führt durch das vermittelte Gefühl der Wertschätzung zu einer langfristigen Bindung. Aus Unternehmenssicht sollte die Kommunikation immer ein Ziel verfolgen und nicht dem Selbstzweck dienen. Wie schafft man diesen Spagat in einem kundenorientierten Marketing?

3   Digitalisierung im kundenorientierten Marketing

Um in dieser Disziplin zu brillieren, sind die folgenden wichtigen Bereiche zu beachten:

* **Datensammlung und Analyse:** Echtzeitanalysen können helfen, die wichtigsten Faktoren für das Kundenerlebnis zu ermitteln und zu analysieren, wie das eigene E-Commerce-Geschäftsmodell mit diesen Schlüsseltreibern agiert. Ein besonderes Augenmerk sollte auf den Fragen liegen, was die Haupttreiber für die Kundenbeziehung zum eigenen Unternehmen sind. Ferner sollte analysiert werden, wie stark der Unternehmenserfolg von den wichtigsten Treibern abhängt, und vor allem, wie diese Treiber mit den Prioritäten der eigenen Kunden zusammenhängen.
* **Entwicklung von Kundenanforderungen:** Zu Beginn dieses Prozesses steht die Identifizierung des Kunden (demografische Merkmale, Vorlieben usw.), gefolgt von einer Durchdringung der Gründe, warum der Kunde Dinge kauft, welche Gewohnheiten seinem Einkaufsverhalten innewohnen und wie der Kunde zu Ihrem Unternehmen steht.
* **Produktentwicklung:** Nach der Auswertung der Wünsche und Bedürfnisse der Kunden sowie deren Kaufverhalten gilt es, diese Ergebnisse an den Gesamtzielen des Unternehmens auszurichten und Entscheidungen hinsichtlich der Produktentwicklung zu treffen. Kundenwünsche und -bedürfnisse sollten auch regelmäßig durch das Feedback der Kunden, beispielsweise über den Kundendienst, Social-Media-Interaktion oder Befragungen in diese Entscheidungsfindung einfließen.

Im E-Commerce erfolgreich agierende Unternehmen lernen, ihre Kunden stets an erste Stelle zu setzen, und passen ihre Kommunikation, das Marketing und die Lieferung an sie an. Während dieses Vorgehen ein essenzieller Erfolgsfaktor ist, steht dem oft eines im Weg: das Unvermögen einer schnellen Prozessdigitalisierung, die den Durchbruch in den modernen kundenorientierten E-Commerce erst ermöglicht. Dies bedeutet, dass die Tage umfangreicher und langsamer IT-Projekte gezählt sind. Da Kundenanforderungen einem ständigen Wandel unterliegen, sollten die Prozesse zur Verbesserung der Kundenerlebnisse ebenso schnell ablaufen. Um die Agilität des Unternehmens zu erhöhen, sollten externe Experten bei Bedarf hinzugezogen werden. Diese sollten sicherstellen, dass neue Apps, mobile Geräte und sonstige Technologien, die Kunden nutzen, vom Unternehmen unterstützt werden. Dafür setzen Experten Kundendaten intelligent ein und gewährleisten eine optimale Kundenreise, die nahtlos in die Cloud, Mobile und Social Media greift. Um eine erfolgreiche und vom Kunden geleitete Strategie und ein kundenzentriertes Design zu entwickeln, müssen Betreiber den Abonnenten über jeden Kanal beobachten und mit ihm interagieren.

Dadurch wird das prozessorientierte Produktdesign in Unternehmen durch ein kundenorientiertes Produktdesign abgelöst. Konventionelles, prozessorientiertes Design findet in einer definierten Reihenfolge statt und verfügt nicht über die in heutigen Organisationen erforderliche Flexibilität. Das Kundenfeedback wird dann erst so spät eingeholt, dass es zu teuer wäre, die erforderlichen Änderungen vorzunehmen. Das Callcenter ist ein gutes Beispiel dafür, wo produktgesteuertes Design den Kunden frustriert. Traditionell stützt sich der Call-Service-Vertreter auf verschiedene Anwendungen, um mit Kunden zu kommunizieren. Bei einem kundenorientierten Designansatz wird ein System eingeführt, das Tools wie One-Click-Fix bereitstellt. Der Wechsel von produkt- zu kundenorientiertem Design erfordert eine Änderung der Unternehmenskultur und der Geschäftsprozesse.

4   Wachstum vor Gewinn

Jeff Bezos legte noch nie großen Wert auf hohe (kurzfristige) Gewinne, sondern auf das Unternehmenswachstum. Aus diesem Grund investierte Amazon intensiv in die Erschließung neuer Geschäftsfelder. Dabei scheint Amazons Wachstum kaum zu stoppen. Neue Produkte, Dienste, günstige Preise, breite Produktpalette und niedrige Versandkosten sichern Amazons Marktmacht und hohe Kundenbindung. Einerseits folgt Amazon einer riskanten Wachstumsstrategie, da das Unternehmen zugleich ein Online-Händler, Werbeplattform und IT-Konzern ist. Andererseits werden durch diese Diversifizierung Fehlinvestitionen in bestimmten Sparten ausgeglichen.

Nichts zuletzt ermöglicht die über die Jahre erworbene Finanzkraft es Amazon, sich nicht auf kurzfristige Gewinne zu fokussieren. Im traditionellen Shareholder-Value-Ansatz sind Manager auf die Zielerreichung in einem Zeithorizont von zwei bis drei Jahren orientiert und incentiviert. Im Gegensatz dazu ist Amazons Ziel, die langfristige Marktführerschaft. Daher sind die Gewinnmargen bei vielen Produkten und Diensten Amazons gering bis kaum vorhanden. Damit ist das eine Wette von Jeff Bezos auf die Zukunft und ein Glaube an die eigenen Ideen und Innovationskraft seines Unternehmens. In vielen Fällen war diese Strategie erfolgreich, wie z. B. mit E-Büchern (siehe dazu auch Abschn. 1). Hier sah Amazon den Wandel der Kundenwünsche zugunsten digitaler Medien und das Potenzial dieser Multi-milliarden-Dollar-Kategorie voraus. Daher war die Investition in die Produktpalette rund um Kindle eine logische Schlussfolgerung. Die günstigen Kindle-Preise und die Exklusivität der Kindle-Bücher[1] erhöhen dabei unmittelbar die Kundenbindung an das gesamte Ökosystem Amazons. Zwar verdient Amazon an den günstigen Geräten kaum etwas, doch sind sie die ideale Plattform, um E-Bücher aus dem eigenen Online-Shop zu distribuieren.

5   Märkte ohne Wachstumsgrenzen

Häufig hört man, der E-Commerce werde bald seine Wachstumsgrenze erreichen. In der Tat setzt sich das E-Commerce-Wachstum weltweit durch und Amazon ist ein Motor dieser Entwicklung. So hat Amazon noch viele Optionen, um weiter zu wachsen, beispielsweise durch die Aufnahme weiterer Produktkategorien, wie z. B. komplexe Güter, Sondermaschinen und Baumaterialien. Branchen, in denen der stationäre Handel traditionell stark war, vom Buchhandel und Videoverleih bis hin zum Fashion, Consumer Electronics und Spielwaren, wurden vom E-Commerce bereits überrannt. Doch mit diesen Branchen gibt sich Amazon noch lange nicht zufrieden und wagt Vorstöße in neue Märkte, die ein nahezu unendliches Wachstumspotenzial versprechen. Dass es sich dabei um sehr diverse Branchen und Wirtschaftszweige handeln kann, stört Amazon dabei wenig. Nur zwei Beispiele sind der Lebensmittelhandel und die Versicherungsbranche.

---

[1] Auf Kindle-Geräten können nur Kindle-Bücher gelesen werden.

Lebensmittel

Lange Zeit wurde das Eindringen von E-Commerce in den Lebensmitteleinzelhandel als eher unwahrscheinlich angesehen. Doch machte Amazon mit den Diensten wie Fresh, Pantry und Go diesen Durchbruch zur Realität. Während diese Dienste nur relativ langsam wachsen, bleibt Amazon bei seinem Fokus auf langfristige Gewinne und führt diese Services fort. Denn der Lebensmittelmarkt verspricht ein enormes Umsatzpotenzial.

Die bereits erreichte Marktposition von Amazon im Lebensmittelmarkt spricht für sich: Gemäß Angaben des Handelsblatts (Kapalschinski 2018) ist ein Viertel aller Online-Lebensmittelverkäufe im ersten Quartal 2018 in Deutschland über Amazon getätigt worden. Mit diesen Verkäufen generierte Amazon einen Umsatz von 65 Mio. Euro (+33 Prozent im Vergleich zum Vorjahreswert). Dabei ist der Lieferdienst Amazon Fresh regional auf München, Hamburg, Berlin und Potsdam beschränkt. Im gleichen Zeitraum in den USA erzielte dieser Dienst einen Umsatz von 650 Mio. US-Dollar, was einem Plus von 48 Prozent entspricht. Das schnelle Wachstum verdeutlicht das enorme Marktpotenzial. Facebook geht z. B. davon aus, dass der Online-Handel mit Lebensmitteln in den kommenden Jahren ca. 20 Prozent des gesamten Lebensmittelhandelns ausmachen wird. Auf Basis eigener Datenanalysen erwartet FOSTEC Research eine mittelfristige Umsatzverlagerung von ca. sieben Mrd. Euro zugunsten des E-Commerce in Deutschland. Die Voraussetzung dafür ist, dass die „Letzte-Meile-Logistik" zumindest in großen deutschen Städten etabliert ist. Folgen für das stationäre Filialnetz der deutschen Supermärkte werden von der tatsächlichen Umsatzverschiebung abhängen. Experten sprechen von einer Bedrohung von über 40.000 Arbeitsplätzen im stationären Bereich, während ca. 15 Prozent aller Supermärkte mit Verlusten rechnen sollten.

Trotz der Erwartung kommt die Entwicklung von Amazon Fresh nach den ersten Jahren in Deutschland langsam voran und ein weiterer Expansionskurs dieses Diensts scheint aktuell stillzustehen. Nichtsdestotrotz sollte der in Seattle ansässige Konzern aufgrund seiner Finanzkraft nicht unterschätzt werden. Als Vollsortimentsanbieter kann Amazon, im Gegensatz zu traditionellen Supermärkten, eine Mischkalkulation führen. So kann eine zu Beginn wenig lukrative, aber langfristig gesehen vielversprechende Sparte über mehrere Jahre quersubventioniert werden. Zudem ist nicht zu übersehen, dass Amazon Fresh einen der Bausteine der Disruption in der Lebensmittelbranche darstellt. Den weitaus aktuell größeren Teil an Lebensmitteln vertreibt Amazon über seinen Schnelllieferdienst Prime Now und über Drittanbieter auf dem Marketplace. Unbegrenzte Möglichkeiten für die Zukunft bieten Amazon-Synergien zwischen Fresh, Prime und Alexa sowie eine engere Zusammenarbeit mit starken Lebensmittelmarken und -logistikern. Eine flächendeckende Durchdringung Amazons in den Lebensmitteleinzelhandel ist zu spüren: Bereits im Januar 2018 wurde der erste elektronische Supermarkt in Seattle eröffnet, während 2000 weitere Filialen in den USA geplant sind (Rossman 2019, S. 185).

Gleichzeitig gewinnt das Internet der Dinge immer weitere Teile unseres Lebensumfeldes. Die in der digitalisierten Welt aufwachsenden Generationen werden das Internet uneingeschränkt nutzen, um sich das Leben so angenehm wie möglich zu gestalten.

Da Artificial Intelligence und Sprachsteuerung immer neue und bessere Funktionen ermöglichen, werden sie Teil unseres Alltags. Eine Trennung zwischen Sprachsteuerung und Artificial Intelligence (KI) ist nicht mehr möglich, da sämtliche Sprachsteuerungen eine KI benötigen, um für den Nutzer im Alltag eine Hilfe darzustellen. So werden

vernetzte Haushaltsgeräte wie z. B. Kühlschränke Alexa daran erinnern, Grundnahrungsmittel (Milch, Brot, Müsli
etc.) auf die Amazon-Fresh-Einkaufsliste zu setzen, sobald
diese zur Neige gehen (siehe Abb. 4). Fällt uns etwas Zu-
sätzliches ein, diktieren wir es Alexa einfach schnell im Vor-
beigehen und pünktlich jeden Samstag um 10 Uhr wird
unser Wocheneinkauf dann bis vor die Haustür geliefert.
Zettel und Stift sind nicht mehr nötig, Basics werden nie
wieder vergessen und Alexa kümmert sich um all unsere
Sonderwünsche.

Versicherungen

Lebensmittel sind jedoch nur ein Beispiel dafür, wie Amazon Märkte mit großem Wachstumspotenzial erschließt;
Versicherungen sind ein weiteres. Erste Erfahrungen sammelte Amazon mit Ergo durch das Angebot vom Geräte-
und Diebstahlschutz. Da Amazon über die besten Kundendaten verfügt, ist eine Erweiterung des Versicherungsangebots
durch Amazon zu erwarten. Kein anderer Wettbewerber in
der Welt kennt so genau seine Kundschaft und kann dadurch so zielgerichtet agieren wie Amazon. Auf Basis der
Kundendaten kann Amazon individualisierte Versiche-

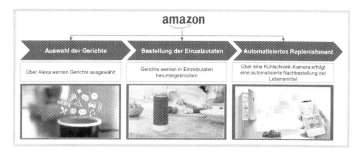

Abb. 4   Welche Vorteile Amazon im Lebensmitteleinkauf bringt.
(Quelle: FOSTEC & Company)

rungsangebote kreieren und dafür bestehende Amazon-Plattformen nutzen. Vergleichsplattformen bekommen dabei die Möglichkeit zur Auswahl des besten Angebots und volle Preistransparenz. Ein flächendeckender Einstieg Amazons in die Versicherungsbranche würde eine Lawine ins Rollen bringen. Hohes Kundenvertrauen ist ein weiterer Vorteil von Amazon gegenüber anderen Versicherungen. Seit Jahren ist bekannt, dass Amazon im Zweifelsfall immer für Kunden entscheidet. Daher ist Amazons Kundenfokussierung in aller Munde. In der Kundenwahrnehmung ist die Versicherungsindustrie noch meilenweit hiervon entfernt.

6   Kostentreiber monetarisieren

Je größer ein Unternehmen, desto umfangreicher und kostenintensiver ist dessen Infrastruktur. Doch bei Amazon ist es anders: Das Unternehmen wurde mittlerweile zu einem wahren Master darin, die eigene Infrastruktur, die in der Regel ein (Fix-)Kostentreiber ist, zu monetarisieren.

Amazon Web Services (AWS)
Der Online-Datenspeicher-Service ermöglicht es Kunden, Kapazitäten in Amazons Rechenzentren zu mieten. Zu den prominenten AWS-Kunden zählen Netflix, Dropbox, Volkswagen etc. Die Margen und Umsätze sind dabei derart beeindruckend, dass man sich die Frage stellen könnte, warum Amazon den Handel mit Büchern und Elektronik überhaupt noch weiterverfolgt, anstatt sich gänzlich auf AWS zu konzentrieren (siehe dazu auch Abschn. 3). Der Gesamtumsatz von AWS wuchs zwischen den Jahren 2014 und 2018 pro Quartal im Durchschnitt um 11 Prozent,

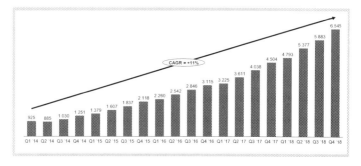

Abb. 5 Umsatz Amazon Web Services (AWS) [Mio. Euro]. (Quelle: Statista 2019)

während der Jahresumsatz von 4090 Mio. Euro im Jahr 2014 um über 450 Prozent auf 22.598 Mio. Euro im Jahr 2018 anstieg (siehe Abb. 5).

Die im ersten Quartal 2019 für das ganze Jahr 2018 veröffentlichten Zahlen sprechen eine eindeutige Sprache: Die Amazon Web Services stellen mit einem Umsatz von 22,60 Mrd. Euro zwar nach wie vor ein relativ kleines Segment des Amazon-Geschäfts dar, machen mit 6,43 Mrd. Euro jedoch einen großen Teil des Gesamtgewinns (knapp 73 Prozent, siehe auch Abb. 5 in Abschn. 2) aus (Amazon 2019, S. 66). Das bedeutet im Vergleich zum Vorjahr einen Anstieg des Nettoumsatzes um etwa 47 Prozent und eine Gewinnsteigerung von knapp 70 Prozent. AWS ist damit ein wichtiger Wachstumsmotor für Amazon und eines der am schnellsten wachsenden Software-Geschäfte der Geschichte. Der Aufstieg Amazons in die Riege der wertvollsten Unternehmen der Welt ist daher zu einem großen Teil der Cloud-Sparte AWS zu verdanken.

Amazon Payments

Ein ähnlicher Erfolg ist der Bezahldienst Amazon Payments, der in Deutschland unter dem Namen „Bezahlen über Amazon" anlief. Kunden können hierbei in beliebigen Shops über ihren Amazon-Account bezahlen und müssen bei Händlern keine Zahlungsdaten hinterlegen. Während die Kunden die hohen Sicherheitsstandards von Amazon genießen, profitieren Händler von der Bekanntheit und dem Vertrauen in die Marke Amazon.

Sie profitieren so auch von Amazons hohen Sicherheitsstandards. Bei der aktuellen Preisgestaltung bezahlen Händler keine Installationskosten oder Grundgebühren, sondern nur für die tatsächlich getätigten Transaktionen (1,9 Prozent des Bestellbetrags zzgl. 0,35 Euro Autorisierungsgebühr). Ab einem Transaktionsvolumen von 5000 Euro pro Monat reduzieren sich die Gebühren für Händler noch weiter. Amazon Payments ist für Online-Shopper kostenfrei. Vorteile für Händler sind neben der Steigerung des Umsatzes und der Conversion Rate auch der Schutz vor Betrugsversuchen, den Amazon bietet. So werden Kunden, die bei Amazon beim Bezahlen negativ aufgefallen sind, für die Händler gekennzeichnet. Somit profitieren von der Öffnung des eigenen Bezahlsystems sowohl Amazon als auch Händler und ihre Kunden.

Fulfillment by Amazon (FBA)

Für Kunden dauert der Online-Einkauf nur wenige Minuten und ist mit mehreren Klicks erledigt. Für Händler stehen dabei umfangreiche Prozesse rund um den Fulfillment-Prozess an. Erstens werden Räumlichkeiten für die Lagerung benötigt, die verwaltet werden müssen. Zweitens wird nach Bestelleingang die Ware kommissioniert, verpackt und versendet. Um Amazon-Standards einzuhalten, muss der gesamte Prozess innerhalb von 24 Stunden vonstattengehen. Da das viele v. a. kleinere Händler vor Herausforderungen stellt, bietet Amazon ein „Fulfillment by Amazon"-Programm an. Dabei stellt Amazon Händlern seine Lagerkapazitäten zur Verfügung und übernimmt die Verpackung und den Versand der Produkte. Bei einem Einkauf über Amazon wird außerdem das Retouren- und Reklamations-Management übernommen. Händler profitieren damit von der Flexibilität ihrer Lagerkapazitäten. Sogar während der Spitzenzeiten gewährleistet ihnen Amazon den schnellen Versand. Anschließend reduziert sich der Aufwand bei Retouren und Reklamationen. Da die FBA-Artikel den „Prime"-Status erhalten, profitieren sie von einer besseren Produktplatzierung auf der Plattform. Für diese Dienstleistung rechnet Amazon gleich zweimal ab: Zu Buche schlagen die Einlagerungs- sowie die Versandkosten.

7   Groß denken und Disruption fördern

Was passiert mit einem Unternehmen, dessen Marktmacht so groß ist, dass andere Marktplayer kaum mehr Chancen haben? Es verfällt oft in starre, gestrige Muster und hört auf, Neuerungen einzuführen. Sollte Amazon diesem Weg folgen, würde die Disruption auch vor Amazon nicht haltmachen, weiß Jeff Bezos. Wie klar er die Gefahren sieht, wird in einer Aufnahme deutlich, die dem US-Sender CNBC vorliegt. In dieser prophezeit Jeff Bezos in einem Gespräch mit Mitarbeitern, dass auch Amazon Konkurs gehen wird. Dies leitet er von seiner Beobachtung ab, dass vor allem große Unternehmen eine Lebensdauer von lediglich etwa 30 bis 100 Jahren haben. Als Beispiel hierfür führt er Sears, den ehemals wohl größten Handelskonzern der USA, an, der vor allem in Konkurrenz zu Amazon chancenlos war und letztlich Insolvenz anmelden musste (siehe Abb. 6).

Um dies zu verhindern, muss der Fokus auch weiterhin stets auf dem Kunden und nicht auf sich selbst liegen. Des-

Abb. 6 Leere Regale von Sears-Geschäften in den USA im Oktober 2018 (Zeitpunkt der Insolvenzantragstellung). (Quelle: Business Insider 2019)

halb etablierte Amazon eine Unternehmenskultur, in der jeder Tag „Day 1" ist. Das bedeutet, mit dem absoluten Willen zur Veränderung zu agieren und nicht aufgrund des Erfolgs, der sich inzwischen einstellte, in Routinen zu verfallen und in einer Komfortzone zu verharren („Day 2"). Diese Art des Arbeitens wäre für Jeff Bezos gleichbedeutend mit Stillstand, gefolgt von Irrelevanz, Niedergang und letztlich dem „Tod" des Unternehmens. Day 1 als oberste Maxime verdeutlicht, welcher Falschannahme Händler und Hersteller häufig erliegen, wenn sie Amazon als gnadenlos gegenüber der Konkurrenz beschreiben. Anstatt selbst in den Innovationsmodus zu schalten und darüber nachzudenken, wie sich Produkt und Service für den Kunden verbessern lassen, suchen sie in Amazon einen Schuldigen für ihren unternehmerischen Misserfolg. Im Day-2-Modus las-

sen sich gute Geschäfte unter Umständen oft über Jahr-
zehnte machen, obgleich ein Abstieg und Verfall des Unternehmens in diesem Fall laut Jeff Bezos unausweichlich
wären. Nichtsdestotrotz ist es in dieser Situation für das
Unternehmen deutlich schwieriger, innovativ zu agieren.

Die Unternehmen wären gezwungen, für den Moment
funktionierende Abläufe zu überdenken und gegebenenfalls
zu überarbeiten. Amazon ist hierbei auch eigenen Ge-
schäftsfeldern gegenüber skrupellos und jederzeit bereit,
nicht funktionierende Angebote selbst zu kannibalisieren
und solche Geschäftsfelder zu begraben. Beispiele hierfür
gibt es zuhauf: Der Shoppingclub BuyVIP (geschlossen in
2017) oder der Hotelbuchungsdienst Destinations (geschlossen in 2015) sind nur zwei davon. Ein weiteres wäre
das Vorantreiben der E-Book-Sparte durch den Kindle und
die Kindle-Angebote, die Amazons ursprüngliches Stamm-
geschäft, den Buchversand, nach und nach verdrängen sollen. Und dabei ist es keinesfalls so, dass neue Geschäftsmodelle stets optimistisch eingeführt werden.

Neue, aber erfolglose Ideen werden schnell, zudem be-
reitwillig, wieder begraben. Das parallele Angebot von
Diensten wie Spar-Abo und Amazon Fresh im Bereich des
Lebensmittelhandels zeigt, wie viele Angebote von vornhe-
rein als Testballons gestartet werden. Was funktioniert, wird
übernommen und nur so lange fortgeführt, bis ein besseres
Geschäftsmodell oder ein kundenorientierterer Dienst gefunden wird. Diese Bereitschaft, sich selbst kontinuierlich
neu zu erfinden, schwingt bei jeder Produkt- und Ange-
botseinführung mit. Niemals ist das Vorgehen so produkt-
orientiert, dass der Fokus ausschließlich auf dem Produkt
oder Dienst liegt und man nicht bereit ist, dieses sofort zu
ersetzen. Das unablässige Streben Amazons nach Innovation führt oft dazu, dass die vielen neuen Geschäftsfelder

des Unternehmens anfangs als Verzettelung betrachtet werden. Viele Entscheidungen wurden getroffen, obwohl zum damaligen Zeitpunkt klar war, dass sie über Jahre keinen Gewinn erwirtschaften würden, doch kurzfristige Gewinne sind auch nicht das Ziel. Vielmehr sind der lange Atem und das vorausschauende Handeln ein charakteristisches Merkmal des Unternehmens. Viele große Innovationen des Unternehmens konnten nur so vorangetrieben werden und entpuppten sich langfristig als ein enormer Erfolg. Die Beispiele hierfür sind zahlreich, einige davon sind der E-Book Reader Kindle Fire oder Amazon Prime.

Jeff Bezos konnte die heutige Wirtschaftswelt derart formen, weil er früh verstand, was der digitale Wandel bedeutet. Möchte man etwas von Amazon lernen, so ist die wohl wichtigste Erkenntnis, dass man Veränderungen willkommen heißen, Innovationen vorantreiben und sich mit digitalen Geschäftsmodellen selbst disrupten sollte. Denn sich selbst zu kannibalisieren, kann angesichts der fortschreitenden Digitalisierung die einzige Möglichkeit sein, das eigene Unternehmen zu retten.

8   Innovationen fördern

Ein weiterer Erfolgsfaktor in der Geschichte Amazons sind die Innovationskraft des Unternehmens und der Umgang mit der Digitalisierung, die Jeff Bezos als Chance erkannte. Er wollte die Frage beantworten, wie sich das unerforschte Feld des Online-Handels am besten erschließen würde. Die nächste Frage lautete, wie durch digitale Innovationen bestehende Vorgehensweisen im stationären Handel abgelöst werden können. Der erste Versuch Amazons auf dem Buchmarkt machte deutlich, dass das neue Online-Geschäftsmodell anders sein sollte als das bestehende Vorgehen im stationären Handel. So werden im traditionellen Handelsmodell viel Zeit und Ressourcen in die Warendisposition investiert. Dabei ist das nur eine Wette auf Artikel, die zu einem bestimmten Zeitpunkt vorrätig sein sollten. Bei Amazon übernehmen dies Kunden, indem sie durch Suchanfragen und Käufe das Angebot regulieren. So führt Amazon im Grunde permanent Verbraucherumfragen durch und analysiert Kundenwünsche und Einkaufsverhalten. Ungeachtet dessen argumentieren stationäre Händler oft, dass Amazon seine Kunden nicht so gut kennt wie Vor-Ort-Händler. Diese Aussage hält der Realität jedoch nicht stand.

Fakt ist, dass Amazon ein anderes, analytischeres Verständnis seiner Kunden hat, oft aber mehr über ihre Kaufgewohnheiten weiß als der für jede Plauderei bereitstehende Verkäufer im stationären Handel. So speichert Amazon beispielsweise sämtliche Klick-Streams der Kunden in zentralen Datenbanken und verwendet sie später für Big-Data-Analysen, um das Kundenverhalten vorherzusagen. Neben den besuchten Seiten und Bildern umfasst die Klick-Streams auch Datum, Uhrzeit und sogar den Internetanbieter sowie den Ort und das Endgerät inkl. der installierten Software, mittels der der User auf der Amazon-Seite war. Weitere erfasste Informationen sind die Webseiten, auf denen sich der Nutzer zuvor befand, sowie die Webseiten, die er im Anschluss besuchte. Amazon ist so in der Lage, sich ein umfassendes Bild über die Lebensgewohnheiten und Interessen der Kunden zu machen. Darüber hinaus steuert Amazon bereits heute nutzerindividuelle Inhalte aus. Je nach Region, Endgerät und Browser-Version sind diese Inhalte unterschiedlich gestaltet. Zum einen verbessert das die Kundenorientierung und zum anderen maximiert es die Conversion Rate.

Darüber hinaus steuert Amazon bereits heute nutzerindividuelle Inhalte aus, die je nach Region, Endgerät und Browser-Version unterschiedlich gestaltet sind; einerseits, um den Kunden die beste Kundenorientierung zu bieten, andererseits, um die Conversion Rate zu maximieren. Je mehr Amazon-Dienste der Kunde nutzt (beispielsweise Amazon Music, Video oder die Leihbibliothek), desto ganzheitlicher wird dieses Bild. Anhand der enormen Menge an vorliegenden Kundendaten ist Amazon vor allem deutlich besser darin, Bedarfe und Wünsche der Kunden nicht nur zu decken, sondern diese auch zu antizipieren. Die Digitalisierung eröffnet hierbei weitere, noch völlig neue Wege: Durch Käufe, Lesehistorie, die Daten anderer Kunden und Kundenrezensionen wird der Datenspeicher immer weiter gefüllt und Amazons Empfehlungen für den Kunden werden gleichzeitig verbessert.

Die Digitalisierung ist somit ein Wachstumstreiber und zugleich ein erstaunlich guter und vorausschauender Kundenberater. Zudem bietet sie Kunden weitere Annehmlichkeiten, wie etwa die Möglichkeit, rund um die Uhr einzukaufen. Denn was bringt einem schon der beste Verkäufer im stationären Handel, wenn man keine Zeit hat, zu den üblichen Ladenöffnungszeiten einkaufen zu gehen? Bei Amazon kann die eigene Kreditkarte hinterlegt werden und alle Käufe werden mit nur einem Klick erledigt. Als Prime-Kunde hält man sogar am nächsten Tag die Ware in den Händen, die einem direkt bis an die Haustür geliefert wird. Das ist der Kern des Erfolgs, der andere Branchen und Marktteilnehmer von Amazon zittern lässt: Bezos gestaltet den Einkaufsprozess für den Kunden schneller, einfacher, smarter.

9   Höchste Qualitätsstandards

Führungskräfte von Amazon sind weltweit dafür bekannt, dass sie unglaublich hohe Standards für alles setzen, was sie liefern, und diese kontinuierlich erhöhen. Das Top-Management erwartet von allen Kollegen, dass Probleme gelöst werden und die Qualität weiter verbessert wird. Amazon fordert von seinen Mitarbeitern, wie hervorragende Führungskräfte zu denken und zu handeln. Wenn sie das schaffen, werden sie gefördert. Somit entsteht ein Energie-Multiplikator für die gesamte Organisation.

Um sicherzustellen, dass diese Kultur in der Tat gelebt wird, führte Amazon eine Art Dienstleistungsvereinbarung (Service Level Agreement – SLA) sowohl für interne als auch externe Parteien ein. Diese Vereinbarung legt fest, welche Eingangs-, Ausgangsleistung, Kennzahlen und exakte Standards für eine Dienstleistung definiert sind. Darüber hinaus stellen die SLA die Erwartung an alle Services dar, die Amazon von internen und externen Parteien geleistet werden. Als Beispiel gilt die maximal zugelassene Ladezeit für die am schlechtesten performende Website auf Amazon. Diese Zeit darf maximal drei Sekunden betragen und nur in 0,1 Prozent der gesamten Zeit auftreten. Dies hängt damit zusammen, dass Kunden nicht funktionierende Websites meiden. Amazons Statistik besagt: Jede Zeitverzögerung von 0,1 Sekunden nach der dreisekündigen Ladezeit der Website Amazon.com sorgt dafür, dass die Kundenaktivität um je 1 Prozent sinkt. Da das teuer ist, hält das entsprechende SLA die Website-Performance exakt fest. Im Jahr 2012 zum Beispiel funktionierte die Amazon-Website kumuliert im ganzen Jahr ca. 50 Minuten lang nicht, woraus ein Umsatzverlust von knapp 5,5 Mio. Euro resultierte.

Alle SLA werden bei Amazon zudem jede Woche überprüft. Die Ursachen für Abweichungen bzw. die Nicht-Einhaltung der SLA werden analysiert und diskutiert. Amazon stimmt die vorzunehmenden Änderungen intern ab und kontrolliert, was nach der Abstimmung in der Organisation tatsächlich passiert. Die Ergebnisse werden in Echtzeit gemessen und den Managern kontinuierlich zur Verfügung gestellt, was den Senior-Führungskräften ein realistisches Bild über die Performance in der gesamten Organisation liefert. Wie man vermuten kann, werden SLA innerhalb Amazons intensiv diskutiert, da sie in die Gesamtbewertung der Manager-Leistung einfließen können.

Diese Vorgehensweise und die strenge Einhaltung der verabschiedeten SLA charakterisiert am besten Amazons Kultur hinsichtlich der Performance- und Qualitätsmessung. Im Grunde genommen werden auf diese Art und Weise alle relevanten Prozesse auf den Prüfstand gestellt und verbessert. Da Amazon außerdem versucht, all das mit höchster Geschwindigkeit umzusetzen, schafft es das Unternehmen, trotz der mittlerweile immensen Unternehmensgröße, die Start-up-Kultur zu leben. Diese Kultur wird direkt von Jeff Bezos auf die ganze Organisation ausgestrahlt, um die Performance jedes einzelnen Mitarbeiters zu fördern und allen Mitarbeitern das Gefühl zu vermitteln, dass jeder auch Inhaber von Amazon ist. Um bei Amazon erfolgreich zu sein, ist die langfristige Sicht auf alles, was man macht, unabdingbar (Rossman und Cummings 2014). „Do you want to sell sugar water for the rest of your life, or do you want to come with me and change the world?" Diese berühmte Frage, die ursprünglich Steve Jobs John Sculley stellte, um ihn zum Einstieg bei Apple zu bewegen, sollte bei Amazon stets mit einer eindeutigen Zustimmung für den zweiten Satzteil beantwortet werden.

10   Sparsamkeit üben

Bei Amazon wird kein Euro für Dinge ausgegeben, die für Kunden irrelevant sind. Sparsamkeit wird im Unternehmen flächendeckend gelebt und geübt. Das sollte die Kreativität, Innovationskraft und Eigenständigkeit der Mitarbeiter fördern. Amazon ist besessen von der Idee, Kosten so gering wie möglich zu halten. Geführt unter dem Motto: „Gespartes Geld ist Geld, das ins weitere Unternehmenswachstum investiert werden kann", kommt die Low-Cost-Philosophie direkt von der obersten Führungsebene und wird auf allen Etagen der Amazon-Organisation streng eingehalten.

So stand Bezos immer dafür, dass Amazon kein aufwendiges und üppiges Headquarter aufbaut. Um diese Absicht zu unterstützen, baute er persönlich einen sparsamen Konferenztisch zusammen, indem er vier Tisch-Füße an einer ausgehängten Tür festnagelte. Solche „Türtische", die offensichtlich bei Amazon häufiger nachgebaut wurden, sind zum Symbol sparsamen Umgangs mit Geld geworden, um die Sparpolitik und vor allem -kultur bei Amazon zu verbreiten und zu verankern. Heutzutage zeichnet Amazon Mitarbeiter mit einem „Türtisch"-Award aus, die Ideen für weitere Sparmaßnahmen entwickeln und umsetzen, um so geringe Produktpreise anbieten zu können. Jeff Bezos selbst zeigt das beste Beispiel der Sparsamkeit für sein Unternehmen (und sollte wohl bereits vielmals ausgezeichnet worden sein) und sucht ständig nach Möglichkeiten, Geld zu sparen. Auf einer der letzten Jahresversammlungen der Aktionäre von Amazon kündigte er mit Stolz in der Stimme an, dass Glühbirnen aus den Kaffee- und Snack-Automaten bei Amazon entfernt wurden, um so Stromkosten zu reduzieren. Laut Jeff sparte diese Maßnahme allein tausende von

US-Dollar für sein Unternehmen, während der Strom nur fremde Werbung auf den Automaten attraktiver gemacht hätte. Den Berichten zufolge war Bezos besonders stolz auf diese Maßnahme und sich selbst als den Autor dieser Verbesserung.

Allerdings muss man zugeben, dass überflüssige Sparsamkeit Nebenwirkungen haben kann. Wenn Sparmaßnahmen unachtsam eingeführt werden, kann der Eindruck erzeugt werden, dass sich der Arbeitgeber weder um seine Mitarbeiter noch um Kunden kümmert. Viele Mitarbeiter, die bei Amazon irgendwann ausgestiegen sind, gaben oft als Grund die auffällige Sparsamkeit des Unternehmens an. Andere sind der Meinung, Amazons Neigung zu Leiharbeitern (ebenfalls durch Sparabsichten begründet) verschlechtere die Arbeitsqualität und führe zu inkonsistentem Service. Nichtsdestotrotz wird Amazon nach wie vor als Goldstandard für den Kundenservice wahrgenommen. Das ist ein großer Unternehmenserfolg und Amazon arbeitet sehr fokussiert daran, diese Anerkennung seiner Kunden beizubehalten. Das Top-Management von Amazon gibt sich ebenfalls viel Mühe, um seine Gedanken und Entscheidungen so transparent wie möglich zu gestalten und zu erklären, warum genau welche Entscheidung getroffen wurde, sagt John Rossman in seinem Buch „The Amazon Way" (Rossman und Cummings 2014). Dieses Streben nach Klarheit machte Amazon zu einem Unternehmen, das einheitliche Werte und eine besondere Philosophie verkörpert. Dank dieser Philosophie passen alle Details in Amazons Geschäftsmodell zueinander. Das macht Amazons Business so skalierbar – etwas, was Amazon wohl viel besser als jede andere Organisation in der Wirtschaftsgeschichte schafft.

11   Talente anwerben

Amazons Führungskräfte folgen einem eleganten und durchdachten Recruiting-Prinzip: Sie versuchen, mit jeder Neuanstellung die Performance-Messlatte für die gesamte Organisation immer höher zu hängen. Top-Manager erkennen Talente, coachen diese und rotieren sie bewusst innerhalb der gesamten Organisation, um ihnen möglichst viel Entwicklungspotenzial in unterschiedlichen Bereichen anzubieten. Auf der anderen Seite ist Amazons Auswahlverfahren für seine Strenge weltweit bekannt. Typisch ist bei Amazon, dass Kandidaten für Positionen im gehobenen Management über 20 Interviews durchlaufen müssen, bevor die finale Entscheidung getroffen wird. Nicht nur für Jobsuchende ist das ein äußerst intensiver Prozess, sondern auch für Interviewer, die dazu aufgefordert werden, in jedem Interview zusätzlich zu einer ausführlichen Beschreibung, warum „ja" oder „nein" entschieden wurde, umfangreiche Notizen zu erstellen. Diese Notizen werden konsequent in die nächste Auswahlrunde übergeben, um potenzielle kandidatenbezogene Risiken im kommenden Gespräch im Detail aufzugreifen. In Amazons ersten Jahren nach der Gründung 1994 unterzeichnete Jeff Bezos persönlich jede Neuanstellung. Da das seit vielen Jahren nicht mehr umsetzbar ist, führte er eine sogenannte „Bar Raiser"-Person ein. Diese ist der letzte Stützpunkt, um sicherzustellen, dass Amazon die richtigen Leute einstellt. Dem „Bar Raiser" ist nachzuweisen, dass die nächste Neueinstellung Amazons kumulierte IQ, Fähigkeiten und Kapazitäten wesentlich erhöhen wird. Dem Bar Raiser wird ein Veto-Recht bezüglich aller potenziellen Kandidaten gewährt. Er bringt frischen Wind und eine unvoreingenommene Sicht in den Recruiting-Prozess und sorgt dafür, dass das Unternehmen die richtige Entscheidung trifft. Der Bar Raiser zu werden, ist eine große Anerkennung bei Amazon und wird nur bei den Personen bewilligt, die nachweislich viele erfolgreiche Stellenbesetzungen hinter sich haben.

Jeff Bezos weist seine Kollegen regelmäßig darauf hin, dass eine Einstellungsentscheidung die wichtigste Entscheidung sein kann, die sie als Teil des Unternehmens treffen. Denn jeder Manager weiß, dass die Karriere der von ihm eingestellten Mitarbeiter direkt an seine eigene gekoppelt ist. Das ist zweifelsohne der beste Ansporn für alle, noch besser im Recruiting-Prozess zu werden. Nachdem eine neue Person eingestellt ist, wird von ihr erwartet, ein A-Player bei Amazon zu werden. Dabei zieht das Unternehmen gar nicht in Betracht, Mitarbeiter mit einer B- und C-Performance zu halten. Laut Amazons Vergütungspolitik werden an alle Mitarbeiter relativ geringe Gehälter ausgezahlt. Kompensiert wird dies durch signifikante Aktienoptionen, deren Löwenanteil an A+-Performer ausgeschüttet wird, während die B- und C-Gruppen nur einen Bruchteil davon bekommen. Diese Tatsache, gekoppelt mit einer geringen Beförderungswahrscheinlichkeit, ist eine klare Message an diese Mitarbeiter, dass sie neue Wege einschlagen sollten. Auf der anderen Seite stellt diese Vorgehensweise sicher, dass ein starkes Eigentümergefühl unter den (verbleibenden) Mitarbeitern herrscht, die vorwiegend der A-Gruppe angehören.

Von Anfang an begriff Bezos, wie wichtig es ist, sein schnell wachsendes Unternehmen mit den besten Leuten, welche die von ihm angestrebte Kultur verinnerlicht hatten, aufzurüsten, damit die Mitarbeiter die Marke Amazon prägen und nach außen tragen können. Deshalb legte Bezos erhebliche Qualitätsstandards für alle Mitarbeiter fest. Seiner Meinung nach ist es besser, einen sehr guten Kandidaten gehen zu lassen, als eine falsche Person einzustellen und mit den entsprechenden Folgen zu kämpfen zu haben. Es kostet viel Zeit, Geld und Mühe, eine Fehleinstellung zu beseitigen, während diese Person in der Zwischenzeit andere um sich herum bremst und als Konsequenz das gesamte Unternehmenswachstum beeinträchtigt. Laut Jeff Bezos sollte sich ein Mitarbeiter, der vor fünf Jahren bei Amazon begann, darüber freuen, dass er eingestellt wurde, da er heute höchstwahrscheinlich diese Prüfung nicht mehr bestehen könnte.

12   Sich in die Materie vertiefen

Top-Manager bei Amazon sind tief in alle relevanten Arbeitsabläufe ihres Unternehmens involviert. Eine höhere Position bei Amazon ist unmittelbar mit mehr Verantwortung u. a. für Problemlösungen verbunden. Deshalb suchen Amazons Manager stets nach Möglichkeiten, Probleme so früh wie möglich zu lösen. Ein Schlüssel dazu ist, sich als Manager mit allen Projekten im Detail auszukennen und Leistungsmerkmale für Projekte im Auge zu behalten.

Zum Teil spiegelt diese „Liebe zum Detail" die Mentalität von Jeff Bezos wider, da er stets ein außergewöhnliches Interesse am Verständnis der internen Prozesse und Abläufe bei Amazon zeigt und das gleiche Niveau von seinen Führungskräften erwartet. Es wird regelmäßig in Medien berichtet, dass Jeff Bezos viel Zeit in Amazons Logistikzentren verbringt. Nicht immer ist der Grund dafür eine werbliche Inszenierung, sondern vielmehr möchte der Amazon-Chef Schulter an Schulter mit seinen Kollegen im Lager arbeiten, um mit eigenen Augen zu sehen, wie effizient die Prozesse von der Auftragsabwicklung bis zum Produktversand sind.

Jedes Mal, wenn Amazon eine neue Initiative einführt, schaut sich Bezos die relevanten Daten an. Er wird kontinuierlich testen, Fragen stellen und analysieren, bis alle für ihn wichtigen Details geklärt sind. Das ist ein effektives Mittel gegen die Bürokratie, die bei vielen Unternehmen Innovationsprozesse behindert. Jeff Wilke, Senior Vice President of Consumer Business bei Amazon, ist der Ansicht, dass in vielen Großkonzernen in der Regel meinungsbezogene Entscheidungen getroffen werden. Im Gegensatz dazu werden bei Amazon datengestützte Entscheidungen bevorzugt. Das Streben, sich in ein bestimmtes Thema hineinzudenken, statt dieses oberflächlich zu beurteilen, erklärt auch, warum PowerPoint in Amazons internen Management-Meetings untersagt ist: Bezos will sich mit den Personen unterhalten, die ihren Verantwortungsbereich vollständig durchdrungen haben, und wissen, was sie vorhaben. Dies entspricht auch der Unternehmensphilosophie von Amazon hinsichtlich Verantwortung und der datengetriebenen Entscheidungsfindung. Top-Leute bei Amazon sind dazu angehalten, die „Vier-Warum"-Technik anzuwenden, um die Ursache-Wirkungs-Beziehungen jedes Problems zu verstehen. In der Praxis funktioniert das so:

1. Beschreiben Sie zuerst das Problem, damit jeder Workshop-Teilnehmer auf das gleiche Thema fokussiert ist.
2. Fragen Sie sich selbst und die Workshop-Teilnehmer: „Warum ist dieses Problem aufgetreten?" und schreiben Sie Ihre Antwort auf.
3. Fragen Sie sich selbst und die Workshop-Teilnehmer: „Ist das wirklich der Grund, warum das passiert ist?" Wenn die Antwort „nein" lautet, kehren Sie zu Schritt 2 zurück.
4. Wiederholen Sie Schritte 2 und 3, bis alle Teilnehmer damit einverstanden sind, dass Sie die echte Ursache eines Problems gefunden haben.

Darüber hinaus werden bei Amazon jährliche Planungsübungen durchgeführt, die im August beginnen und nie vor

Oktober enden. In diesen Übungen wird die gesamte Amazon-Organisation involviert mit dem Ziel, herauszufinden, was im Unternehmen tatsächlich passiert und wo im kommenden Jahr Ressourcen allokiert werden sollen. Während dieser Zeit schreiben verschiedene Mitarbeiter-Teams 6- bis 8-seitige Berichte über ihre aktuellen Prozesse, Wachstumspotenziale, -möglichkeiten und -pläne und beschreiben Ressourcen, die für ihre Zielerreichung benötigt werden.

Diese Berichte werden zu zweiseitigen Dokumenten komprimiert und dem Senior Management-Team zur Prüfung in einem Meeting vorgelegt. In diesen Management-Meetings vergehen die ersten 15 bis 30 Minuten mit konzentriertem Lesen der Berichte und einer tiefergehenden ausführlichen Diskussion. Auf diese Art und Weise können Amazons Führungskräfte deutlich besser begründete Entscheidungen treffen im Vergleich zu den Managern, die nur ein oberflächliches Verständnis haben. Diese jährlichen Planungsübungen zeigen auf, wie Amazon Ideen im gesamten Unternehmen sammelt und die verfügbaren Mittel zu den vielversprechenden Vorhaben allokiert. Dank dieses Prozesses werden Innovationen gefördert und zukunftsweisende Wege für die weitere Entwicklung Amazons bereitet. Es werden nahezu keine Entscheidungen ohne vorherige Auseinandersetzung mit den relevanten Details, die entweder zum Erfolg oder zum Scheitern der Idee führen können, getroffen.

13 Sich der Kritik stellen

Amazons Führungskräfte verstecken sich nicht vor kritischen Aussagen und stellen damit ein gutes Beispiel für ihre Kolleginnen und Kollegen dar. Sie benchmarken ihre eigene Leistung intern gegen die besten Führungskräfte in der ganzen Unternehmensgruppe und der externen Wirtschaft und arbeiten stets daran, besser zu werden. Manager bei Amazon sind i. d. R. selbstkritisch und stellen sich offen und ehrlich einer konstruktiven Kritik. Sie sprechen über ihre eigenen Schwachstellen und fragen sich fortlaufend, wie sie besser performen können. Es wird bei Amazon erwartet und vorausgesetzt, dass die Führungskräfte selbstständig ansprechen, wenn Dinge nicht gut laufen. Diese Verhaltensweise kommt im Unternehmen viel besser an, als zu versuchen, Probleme unter den Teppich zu kehren und zu hoffen, dass sie sich von selbst lösen. Der größte Teil dieser Mentalität kommt direkt von Jeff Bezos, der von Anfang an eine besondere Online-Customer-Journey für alle, die kaufen oder verkaufen wollen, kreieren wollte. Er ist selbst in diese Journey sehr aktiv involviert und erwartet das gleiche Engagement von seinen Mitarbeitern.

Es ist in der Wirtschaftswelt kein Geheimnis, dass sich einige Führungskräfte auf ihren Erfolgen ausruhen und nicht erkennen, dass sie tagtäglich neu verdient werden müssen. Sicherzustellen, dass seine Manager immer bereit sind, sich kritisch zu bewerten, ist eine der gängigsten Vorgehensweisen von Bezos, damit Amazon nicht eines Tages selbst zu einer arroganten Organisation wird. Ein anderes Mittel, das Amazons CEO ständig einsetzt, ist, von den Führungskräften zu verlangen, dass sie potenzielle Risiken für ihr Unternehmen ständig untersuchen, analysieren und – wenn notwendig – Gegenmaßnahmen ergreifen. So stufte zum Beispiel das Führungsteam von Amazon das Unternehmen Google als einen potenziellen Gegner in langfristiger Perspektive ein, auch wenn aktuell im Retail-Segment kein direkter Wettbewerb zwischen den beiden Unternehmen besteht und Google eher als ein „Alliierter" angesehen wird. Der Grund dafür ist die fortlaufende Entwicklung von Technologien des digitalen Giganten aus dem Silicon Valley, die in Amazons Welt eindringen könnten. Um dem vorzubeugen, erweiterte und bündelte Amazon deutlich seine eigenen Suchmaschinenkapazitäten. Darüber hinaus entwickelt Amazon neue Web-Routen, damit Kunden direkt auf die Amazon-Plattform gelangen können, ohne vorher über Google gesucht zu haben. Bezos setzt den gesamten Unternehmensfokus auf Amazons Schwachstellen und deren Beseitigung.

Amazons Führungskräfte sind angehalten, stetig eine Risikoanalyse ihres Geschäftsbereichs vorzunehmen, in dem sowohl endogene als auch exogene Risiken betrachtet werden. Bei einer internen Präsentation seitens Amazon sind die Führungskräfte dann angehalten, auch Gegenmaßnahmen vorzustellen, welche erarbeitet wurden. Sie halten ihre Augen offen, um weitere Verbesserungsmöglichkeiten zu erkennen, und sind bereit, diese zu realisieren. All das sind effektive und praktikable Techniken, durch deren Anwendung Amazon immense Unternehmensvorteile ausschöpfen konnte.

14   Rückgrat haben – Widerspruch und Verbindlichkeit

Von Top-Managern bei Amazon wird erwartet, dass Ideen zu neuen Produkten und Lösungen ambivalent diskutiert werden. Nachdem das Management-Board ein Thema kontrovers diskutiert hat, erfolgt eine Entscheidung, die von allen Beteiligten konsequent unterstützt und umgesetzt werden sollte. Jeff Bezos selbst beschreibt häufig die Unternehmenskultur innerhalb der Amazon-Organisation als „hart, aber fair". Er erwartet von seinen Kollegen einen gewissen Widerstand gegenüber seinen eigenen Ideen und fordert offene und konstruktive Diskussionen.

Die Hauptperson bei Amazon, Jeff Bezos, legt relativ wenig Wert auf die Gefühle seiner Mitarbeiter, unabhängig von den geltenden Hierarchien. Noch viel weniger achtet er darauf, ob die jeweilige Person einen guten oder schlechten Tag hatte. Das Einzige, was ihn interessiert, sind die Ergebnisse. Denn das ist ein Teil des Deals zwischen Amazon und seinen Mitarbeitern. Auf der anderen Seite reagiert Jeff Bezos auf Aktivitäten von Wettbewerbern in den meisten Fällen mit Gelassenheit. Seines Erachtens ist es sinnvoller, eigene neue Initiativen auf Basis von Kundenwünschen und -anforderungen zu entwickeln und Wettbewerber zu einer Reaktion zu zwingen.

15 Geheimnis der schnellen Umsetzung – Zwei-Pizza-Teams

Das letzte, aber nicht unwichtigste Erfolgsrezept von Amazon in diesem Buch soll die folgende Frage beantworten: Wie schafft es das Unternehmen, Innovationen so schnell und erfolgreich zu entwickeln? Wie kann ein Unternehmen mit mehreren hunderttausend Mitarbeitern derart zügig und agil agieren, um sich nicht nur an Veränderungen der Kundenwünsche und des Marktumfelds anzupassen, sondern auch gesamte Märkte disruptiv zu verändern oder gar Märkte aufzubauen, welche zuvor noch nicht vorhanden waren? Prämisse Nummer eins ist, stets den Kundennutzen in den Fokus zu rücken. Alle Entscheidungen und neuen Produkte werden ausschließlich im Hinblick auf den Kunden getroffen. Daher wird vor Beginn eines jeden Projekts eine Pressemitteilung vom jeweiligen Team verfasst, wie die geplante Innovation das Leben des Kunden verbessern soll. Außerdem wird ein Katalog an möglichen Kundenfragen zum Produkt erstellt, der während der Produktentwicklung stets weiter ausgearbeitet wird. Dabei wird in kleinen Teams gearbeitet und auf Hierarchien und eine politische Unternehmenskultur verzichtet. Amazon ist mit seinen „Zwei-

Pizza"-Teams weltweit berühmt geworden. Es werden also nur Teams gebildet, die mit maximal zwei Pizzen satt werden können. Die maximale Teamgröße beläuft sich dabei auf sechs bis zehn Personen. Die Idee dahinter: Je mehr Teammitglieder es gibt, desto größer ist der Kommunikationsaufwand im Team. Dadurch sinkt die Effizienz, denn irgendwann überwiegt der Kommunikationsaufwand den Nutzen der Expertise der einzelnen Mitglieder. Amazon versucht dabei, jedem Teammitglied genug Autonomie und auch Verantwortlichkeit zu geben, und den gesamten Kommunikationsaufwand in der Mannschaft so gering wie möglich zu halten. Das Zwei-Pizza-Format, das bei Amazon so erfolgreich implementiert wurde, gibt ambitionierten smarten Köpfen exzellente Aufstiegsmöglichkeiten und das Gefühl, dass sie etwas bewegen können. Wichtig ist, dass es nicht darum geht, die Teamgröße zu beschränken, sondern vielmehr darum, unabhängige, unternehmerisch denkende Organisationseinheiten zu schaffen, die ohne Bürokratie ihre Ideen verwirklichen können.

Diese Kultur wird direkt von Jeff Bezos gefördert. Es darf allerdings nicht vergessen werden, dass Amazons CEO bei Fehlern gegenüber den verantwortlichen Kollegen sehr offen und entschlossen ist. Nichtsdestotrotz ist die Unternehmenskultur durch Vertrauen geprägt. Top-Leute verdienen das Vertrauen ihrer Teammitglieder und umgekehrt. Amazons Führungskräfte versuchen, immer transparent und tolerant zu sein, wodurch die Offenheit und das Vertrauen auf beiden Seiten gestärkt werden. Was alle bei Amazon eint, ist der gemeinsame Ansporn, die Welt der Plattformökonomie in positiver Richtung zu verändern. Um dies zu erreichen, ist ein starker Kooperationsgeist im Unternehmen unabdingbar, was auch bei Amazon teils schwierig sichergestellt werden kann. Dennoch zeigen gute Führungskräfte in solchen Fällen ihre Stärken und arbeiten mit allen

Kollegen zusammen, ohne auf Titel, Hierarchien und offizielle Rollen zu achten.

Das etablierte und kollegiale Vertrauen, das bei Amazon herrscht, fördert Innovationen, denn – wie Jeff Bezos sagt: Die radikalsten und disruptivsten Innovationen entstehen dann, wenn die Kreativität der Mitarbeiter nicht mehr limitiert wird. Ein immanenter Bestandteil der Unternehmenskultur ist, dass die beste Idee zählt und gewinnt, unabhängig davon, von wem sie kommt. Die Umsetzung der Idee erfolgt anschließend in kleinen, inkrementellen Schritten und wird kontinuierlich hinterfragt. Nur wenn die Idee auf Dauer standhält, wird sie weiterverfolgt. Viele Ideen verlassen das Unternehmen dabei erst gar nicht, doch auch durch das Kundenfeedback werden sie immer wieder überprüft und bei Bedarf angepasst. So wurde beispielsweise eine vormals angebotene Auktionsplattform von den Kunden ebenso wenig angenommen wie ein losgelöster Shop für Drittanbieter mit fixen Preisen. Den Durchbruch schaffte erst der Amazon Marketplace, bei dem Händler ihre Produkte im Rahmen der Amazon-Plattform anbieten können und die Kunden alles auf einer Seite auffinden (siehe dazu Abschn. 1).

Literatur

Amazon. (2019). *10k report*. https://ir.aboutamazon.com/sec-filings?field_nir_sec_form_group_target_id%5B%5D=471&field_nir_sec_date_filed_value=&items_per_page=10. Zugegriffen am 11.03.2019.

Business Insider. (2019). Sears, once the largest retailer in the world, has narrowly avoided liquidation. Here's how its downfall played out. *Business Insider*. https://www.businessinsider.de/sears-bankruptcy-reports-downfall-photos-2018-10?op=1. Zugegriffen am 11.03.2019.

Kapalschinski, C. (2018). Warum es Online-Lieferdienste für Lebensmittel in Deutschland schwer haben. *Handelsblatt.* https://www.handelsblatt.com/unternehmen/handel-konsumgueter/rossmann-edeka-und-co-warum-es-online-lieferdienste-fuer-lebensmittel-in-deutschland-schwer-haben/23761826.html?ticket=ST-7130436-igiFBqYxjfaKzGPRORyB-ap1. Zugegriffen am 11.03.2019.

Rossman, J. (2019). *Think like Amazon. 50 1/2 ways to become a digital leader.* New York: McGraw-Hill.

Rossman, J., & Cummings, J. (2014). *The Amazon way. 14 leadership principles behind the world's most disruptive company. Unabridged.* Grand Haven: Brilliance Audio, Inc (Brilliance-Audio on compact disc).

Statista. (2019). Umsatz von Amazon Web Services (AWS) weltweit bis Q4 2018. Umsatz von Amazon mit Cloud Computing vom 1. Quartal 2014 bis zum 4. Quartal 2018 (in Millionen US-Dollar). https://de.statista.com/statistik/daten/studie/447932/umfrage/umsatz-von-amazon-web-services-weltweit/. Zugegriffen am 03.11.2019.

Statista, & Consumer Intelligence Research Partners. (2019). Amazon passes 100 Million Prime Members in the US. https://infographic.statista.com/normal/chartoftheday_5232_amazon_prime_members_n.jpg. Zugegriffen am 04.04.2019.

Sterling, G. (2016). Survey: Amazon beats Google as starting point for product search. 38 percent of shoppers start with Amazon, 38 percent start with Google. https://searchengineland.com/survey-amazon-beats-google-starting-point-product-search-252980. Zugegriffen am 11.03.2019.

Organisation, Struktur und Architektur des Unternehmens

Am 4. September 2018 überschritt Amazon als zweites US-amerikanisches Unternehmen in der Weltgeschichte einen symbolischen Börsenwert von einer Billion US-Dollar (welt.de 2018). Auch wenn der Aktienkurs zwischendurch immer wieder nachließ, bleibt eines unumstritten: In den zwei Jahrzehnten seiner Geschichte wuchs Amazon weit über seine Wurzel als Internet-Buchhandel hinaus und verzeichnete einen internationalen Erfolg als Branchenprimus im E-Commerce. Wie und durch wen dies möglich war, stellen wir in diesem Kapitel dar.

1 Vom Start-up zum Eine-Billion-Dollar-Unternehmen

Zu den Hintergründen des Namens „Amazon" gibt es verschiedene Theorien. Die vorherrschende lautet, dass der Namenspate von Amazon.com der Amazonas ist, der längste Fluss unseres Planeten. Als überdurchschnittlich lassen sich heute auch das Wachstum und die virtuellen Warenregale des Unternehmens beschreiben. Die unendli-

© Springer Fachmedien Wiesbaden GmbH, ein Teil von Springer Nature 2021
M. Fost, *Was würde Amazon tun?*,
https://doi.org/10.1007/978-3-658-14565-1_3

chen Regale des Internets sind es außerdem, die es Jeff Bezos ermöglichen, seinen Traum von einem Geschäft mit
grenzenloser Auswahl zu verwirklichen. Dieser Traum
wurde Anfang der 1990er-Jahre in einem anderen Unternehmen, weit vom Handel, aber sehr nah an neuen Inter-
nettechnologien, im Kopf des Vice President der Investmentgesellschaft D.E. Shaw geboren. Der Vice President
hieß Jeff Bezos: Anfang 30, mittlere Körpergröße und das
Erscheinungsbild eines Workaholics.

Als im Jahr 1994 die Potenziale des Internets von auf-
merksamen Beobachtern bereits erkannt wurden, war
D.E. Shaw in der besten Situation, um das Internet-
Business zu erschließen. Während unter den Kollegen
gleichzeitig mehrere Geschäftskonzepte entstanden – unter
anderem ein kostenloser E-Mail-Service, der aus Werbung
finanziert werden sollte (Vorläufer von Google und
Yahoo) – wurde die Idee des „Everything Store" geboren:
Die simple Konzeption eines Internet Shops, in dem Nutzer nahezu alles kaufen können, bestand darin, als Shop-
Betreiber die Rolle des Zwischenhändlers zwischen Produzenten und Kunden zu übernehmen. Von dieser Idee war
Jeff Bezos besonders begeistert und begann, Informationen
über das Internet für den „Everything Store" zu suchen.
Während er schnell feststellte, dass das rasante Wachstum
des Internets schon bald konkrete Chancen für sein Konzept bieten würde, kam er zu der Schlussfolgerung, dass
sein „Everything Store" zumindest in den ersten Jahren der
Internet-Ära impraktikabel sein würde. Deshalb beschränkte sich die originäre Produktauswahl von Amazon
auf eine Kategorie, die einfach zu versenden, zu verpacken
und zu skalieren war: Bücher. Im Juli 1994 in Seattle, Washington, begann der größte Fluss im Internet zu fließen
und auf seinem Weg alle „freien Räume" zu absorbieren.
Der erste Name Cadabra.com wurde dabei zum 1. November 1994 durch Amazon.com ersetzt (aus dem klaren

Grund, dass der erste Name für ein zukünftig globales Geschäftsmodell nicht wirklich attraktiv war). Während Amazon heute Millionen von Quadratmetern Fläche für sein
Geschäft besetzt, wurde das erste Büro – der legendären
und praxisbewährten Start-up-Tradition folgend – in Jeffs
Bezos Garage mit zwei zusammengenagelten Türen als Bü-
rotisch gegründet. Da die ersten Monate von Amazon zum
größten Teil durch ein Bootstrapping der Eltern von Bezos
und seiner ersten Ehefrau MacKenzie finanziert wurden,
warnte er seine Familie, dass die Wahrscheinlichkeit, dass
sein Geschäftsmodell nicht funktioniert, gemäß der
Start-up-Statistik bei 70 Prozent läge.

Die Website Amazon.com ging am 16. Juli 1995 live.
Mit Hilfe von hochprofessionellen Programmierern, die
Jeff Bezos in seiner Zeit bei D.E. Shaw kennenlernte, verfügte Amazon schon in den ersten Monaten der Online-
shop-Existenz über eigenentwickelte „State-of-the-Art"-IT-
Lösungen, wie zum Beispiel Einkaufskorb, Eingabe der
Kreditkartennummer, Produktsuche etc. Man bedenke,
dass der User sich in dieser Zeit mittels eines 56k-Modems
in das Internet einwählte. Kurz darauf kam die Funktion
für Leserbewertungen, die sogenannten Rezensionen, welche bis heute Amazon einen entscheidenden Wettbewerbsvorteil gegenüber dem stationären Handel bietet, aber auch
damals ein Alleinstellungsmerkmal von Amazon war, das
Internet-Buchkäufer an Amazon gebunden hat. Wenig später kamen die ersten beeindruckenden Wachstumszahlen
von Amazon – innerhalb der ersten Monate lieferte Amazon Bücher in alle 50 US-Staaten und in 45 unterschiedliche Länder. Um diesem Wachstum gerecht zu werden,
brauchte Amazon frisches Kapital. Die Investorensuche,
die Jeff Bezos unter seiner Leitung hatte, war auf einen
Businessplan gestützt. Laut diesem Plan sollte Amazon im
Jahr 2000 ca. 65 Mio. Euro Umsatz generieren. In der Realität waren es in dem besagten Jahr sogar 2,4 Mrd. Euro.
Abb. 1 zeigt, dass die aus damaliger Sicht optimistische

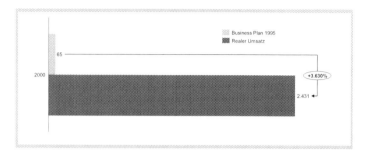

Abb. 1 Umsatz von Amazon im Jahr 2000: Ist vs. Plan. (Quelle: Stone 2014, S. 41)

Einschätzung von Bezos um den Faktor 36 unter dem später real erzielten Umsatz lag.

Die Kehrseite der Medaille war der Ertrag. Der reale Netto-Verlust von 1,23 Mrd. Euro im gleichen Jahr wurde von Jeff Bezos, der offiziell von einer „moderaten" Profitabilität Amazons im Jahr 2000 ausging, auch nicht vorhergesagt.

Schon Anfang 1996 zeigte Amazon sensationelle Umsatzwachstumsraten von 30 bis 40 Prozent monatlich und schaffte es zum ersten Mal auf das Titelblatt des Wall Street Journals. Sofort nach der Publikation verdoppelte sich fast jeden Tag die Anzahl der Bestellungen und die Amazon-Mitarbeiter konnten nicht einordnen, wie sie auf dieses Wachstum reagieren sollten. Währenddessen brachte Amazon eine der ersten großen Innovationen auf die „Internet"-Straße: An sogenannte Affiliate-Websites, deren Besucher auf Amazon umgeleitet wurden, bezahlte Amazon eine Gebühr von 6 bis 10 Prozent des Wertes der Kundenbestellung. So war Amazon Vorreiter des Affiliate-Marketings – einer neuen Disziplin des Online-Marketings, die heute jedes Jahr Milliarden US-Dollar Umsatz weltweit generiert und auf eine Vielzahl von Online-Geschäftsmodellen adaptiert wurde.

Offiziell war Amazon nicht das erste Unternehmen, welches das Affiliate-Marketing einführte. Genauso war Amazon nicht der erste Internetbuchhandel weltweit. Doch mit der Schnelligkeit, mit der Amazon diese Ideen umsetzte und weiterentwickelte, konnte kein damaliger (und kann auch kein aktueller) Wettbewerber mithalten. Das macht Amazon zu einem besonderen Unternehmen. Das spiegelt sich in dem Unternehmensmotto „Get Big Fast", welches Jeff Bezos im Jahr 1996 einführte, wider: Denn je größer das Unternehmen, desto günstiger sind die Einkaufspreise für Bücher bei Großhändlern und Verlegern und desto flächendeckender kann das Unternehmen agieren. Auch die Nachfrage auf der Amazon-Plattform ist inzwischen derart hoch, dass zunehmend weitere Anbieter auf die Plattform gezogen werden. Laut Bezos können Unternehmen, die jetzt Marktführer werden, diese Position leichter behalten[1] und anschließend nutzen, um einen hervorragenden Kundenservice anzubieten (Stone 2014, S. 49). Nebenbei wurde in dieser Zeit eine zweite Internet-Innovation von Amazon implementiert: Das Personalisierungs-Tool „Similarities" erlaubte es der Online-Markenpräsenz von Amazon, dem Kunden passende Angebote auf Basis seiner vorherigen Einkäufe zu bieten, noch bevor er auf Amazon selbst danach suchen würde. Das tief gehende Kundenverständnis von Amazon, welches auf unzählige Daten entlang der gesamten Customer Journey fußt, stellt bis heute im gesamten E-Commerce-Bereich den Hauptvorteil gegenüber den klassischen Offline-Händlern dar.

---

[1] Die Plattformökonomie wird häufig als ein „The winner takes it all business" bezeichnet.

Der nächste Meilenstein von Amazon war der Börsengang im Jahr 1997, den unter anderem die Finanz-Architekten aus dem Investment-Banking der Deutschen Bank verwirklichten. Für das Unternehmen war das nicht nur eine Möglichkeit, frisches Kapital zu beschaffen, sondern vielmehr war es auch ein Event, das maßgeblich zum Brand-Building von Amazon beitrug. Dadurch erfuhr die ganze Welt auf einmal von Amazon, was mit einem Umsatzwachstum von 900 Prozent in diesem Jahr quittiert wurde. Der Börsengang 1997 war für die Anfangsinvestoren (Bezos, seine Familie sowie Private-Equity-Firmen) eine Erfolgsgeschichte bzw. ein „Liquiditätsevent", doch diese Aktiengewinne waren im Vergleich zum Kurswachstum in den Jahren danach noch verhältnismäßig gering. Mit diesem Erfolg setzte Amazon seine Expansionsstrategie in weiteren Produktkategorien fort, warb der Konkurrenz (beispielsweise Walmart und Barns & Noble) Top-Manager ab und stellte Top-Absolventen von Business Schools sowie High Potenzials aus Unternehmensberatungen und dem Investment Banking ein.

Dennoch verzeichnete Amazon in diesen Jahren nicht nur positive Ergebnisse. Die aggressive Akquisitionsstrategie, die Amazon durchsetzte, führte zu Verlusten von Hunderten Millionen US-Dollar Cash für das Unternehmen. Innerhalb weniger Jahre (kurz vor dem Platzen der Dot-Com-Blase) kaufte Amazon den deutschen Online-Buchhändler „Telebuch", die britische „BookPages" und die junge Firma „Alexa Internet", die auf Datensammlung im Web spezialisiert war. Außerdem investierte Bezos in die Entwicklung eigener Unternehmen wie pets.com, gear. com, winestopper.com etc. Fast alle dieser Firmen verschwanden bis zum Jahr 2000 für immer aus dem Markt.

Zu dieser Zeit waren die meisten großen Unternehmen und traditionellen Händler noch weit davon entfernt, einen E-Commerce-Kanal für ihre Unternehmen aufzubauen.

Doch ein Unternehmen aus Kalifornien, das ebenfalls rasante Wachstumsraten verzeichnete, betrat die Bühne: eBay. Im Gegensatz zu Amazon, das in diesen Jahren Verluste in Millionenhöhe verbuchte, hatte eBay ein profitables Geschäftsmodell, keine eigenen Lagerräume und keine Versandkosten. Amazon führte sogar eine eigene Auktionsplattform ein, doch diese war nie erfolgreich und wurde relativ schnell nach dem Start eingestellt. Nichtsdestotrotz nahm Amazon weitere Kategorien wie Music, DVDs, Spielzeuge und Elektronik auf und erweiterte damit das eigene Sortiment.

Die Erfolge der ersten Jahre machten Amazon zu einer bekannten Marke und Jeff Bezos wurde von der Times als eine der jüngsten Personen in der Geschichte zur „Person of the Year" ernannt, was Amazon eine außerordentlich gute Außenwahrnehmung bescherte. Im Inneren des Unternehmens sah es jedoch anders aus: Die Buchhaltung von Amazon war chaotisch, Amazon verbuchte weiterhin Verluste in Millionenhöhe und niemand hatte eine praktikable Lösung dafür, wie das Unternehmen nachhaltig wirtschaften kann. Die Börsenkrise in den Jahren 2000 und 2001 führte außerdem zu Kapitalbeschaffungsproblemen. In der Konsequenz wurde die Amazon-Strategie vom „Get Big Fast" zu „Get Our Company Sorted" geändert. Amazon drohte Insolvenz, aber ihr Chef, Jeff Bezos, war nach wie vor zuversichtlich.

„I have never seen anyone so calm in the eye of the storm. Ice water runs through his veins" (Stone 2014, S. 102), schreibt einer der damaligen Amazon-Top-Manager. Ein historischer Tiefpunkt kam, als eBay-CEO Meg Whitman das verlustträchtige Geschäft „Amazon Auctions" komplett übernehmen wollte. In seinem bekannten Führungsstil lehnte der Amazon-CEO das Angebot ab, denn er glaubte,

seine Geschäftsideen würden trotz der aktuellen Misserfolge funktionieren – nur etwas später.

Die Krise dieser für Digitalunternehmen schwierigen
Jahre führte zur Notwendigkeit der Entwicklung neuer Geschäftsfelder und Amazon brachte ein neues Konzept auf
den Markt, um Dritthändlern den Zugang zur Plattform zu
erlauben: Marketplace. Gleich nach dem Launch im November 2000 für die Kategorie Bücher kamen die ersten
Proteste: Branchenverbände befürchteten, die Marketplace-
Plattform würde die Verkäufe neuer Bücher zugunsten von
gebrauchten Exemplaren beeinträchtigen. Doch diese Proteste waren gering im Vergleich zu dem Widerstand, den
das neue Geschäftsmodell innerhalb von Amazon verur-
sachte: Alle Amazon-Manager, welche die äußerst ambitionierten Umsatzziele von Bezos erfüllen sollten, wurden
plötzlich der zum Teil preiswerteren Konkurrenz nicht-
autorisierter Dritthändler ausgesetzt, deren Produkte auf
derselben Produktdetailseite des Amazon-Vendor-Modells
platziert wurden. Der Marketplace löste jahrelange Diskussionen und Streitfälle zwischen Amazon, dessen Lieferanten
und innerhalb der Amazon-Organisation selbst aus. Nur
eine Person ließ sich davon nicht beeindrucken: „As usual",
sagte ein Amazon-Manager, „it was Jeff against the world"
(Stone 2014, S. 116).

Um diesen Entwicklungen gegenzusteuern, führte Amazon das Loyalitätskundenprogramm „Free Super Saver
Shipping" ein, das Kunden eine kostenlose Lieferung für
Bestellungen ab einem gewissen Wert sicherte. Dieses Programm war das Fundament für Amazon Prime, das in den
Folgejahren entwickelt wurde. Trotz einer hohen Fluktua-
tionswelle, in der viele Top-Manager das Unternehmen ver-
ließen, konnte Amazon dank des neuen Lieferprogramms
und der strengeren Controlling-Aktionen im Jahr 2002 die
ersten Gewinne verbuchen. Zwar waren sie klein, dennoch

zeigten sie, dass Amazon das Platzen der Dot-Com-Blase nunmehr erfolgreich überstanden hatte.

Um einen weiteren Schritt Richtung Zukunft zu schaffen, beschäftigte sich Amazon intensiv mit der Effizienzsteigerung im eigenen Unternehmen: Die Logistik wurde von Ingenieuren und Programmierern neu aufgestellt, aus der Organisation wurde, soweit dies möglich war, das mittlere Management entfernt und das berühmte Zwei-Pizza-Team-Konzept (siehe auch Abschn. 15) eingeführt. Nur wenige Jahre danach hatte Amazon ein viel effizienteres Logistiksystem und genoss dabei relevante Kostenvorteile. Das brachte dem Unternehmen strategische Vorteile gegenüber dem Wettbewerb wie unter anderem eBay ein, die die Lieferzeit ihrer Waren nicht voraussehen konnten.

Im Jahr 2005 – das zehnjährige Jubiläum Amazons – stand Amazon vor neuen Herausforderungen. Während die Umsätze weiter anstiegen, blieben die Gewinne eher moderat. Google war in aller Munde, das die Geschichte des Internets neu schrieb, nebenbei Amazons Mitarbeiter abwarb und als Arbeitgeber in der Öffentlichkeit deutlich positiver als Amazon wahrgenommen wurde. Die Gegenmaßnahme von Jeff Bezos war der Aufbau neuer digitaler Geschäftsfelder. Eines davon waren die ersten Cloud-Lösungen, die der späteren ausgesprochen erfolgreichen Business-Sparte Amazon Web Services (AWS, siehe auch Abschn. 3) zugrunde lagen. Neben AWS brachte Amazon A9.com (den berühmten Algorithmus von Amazon) heraus und initiierte damit die bis heute andauernde Konkurrenz zu Google im Bereich der reinen Suchmaschinen.

An der anderen Front der Konkurrenz begannen das Wettrennen mit Apple und der Kampf um digitale Musik und Bücher. Die schnelle Eroberung der Musikwelt durch Apples iPod und iTunes beschleunigte Amazons Entwicklung der Digital-Reading-Industrie. Denn Jeff Bezos und seine Manager befürchteten, dass ein weiteres Produkt von Apple das Kerngeschäft Amazons (Bücher) genauso schnell verändern könne, wie es der iPod mit CDs und Kassetten getan hatte.

„We didn't want to be Kodak", sagte einer der Top-Manager Amazons und verwies auf die berühmte Marke, deren Ablehnung der digitalen Kamera gravierende Folgen für das Unternehmen hatte, die in einer Insolvenz endeten (Stone 2014, S. 231). Während Amazon schon im Jahr 2004 die meisten gedruckten Bücher in den USA verkaufte, wollte Bezos den Markt für digitale Bücher beherrschen, auch wenn dies einen Rückgang der Umsätze mit konventionellen Büchern bedeutete.

„It is far better to cannibalize yourself than have someone else do it" (Stone 2014, S. 231), sagte zu der Zeit einer der Bereichsleiter bei Amazon. So kam im Jahr 2007 das erste Produkt aus der Serie „Kindle" auf den Markt. Während die ersten Geräte technisch noch nicht reif waren, erkannte die Buchindustrie das Kindle-Potenzial für sich und begann, ihre Bücher für die Kindle-Bibliothek zu digitalisieren. Das Ziel von Bezos war, 100.000 Bücher bis zum Verkaufsstart von Kindle über Amazon anzubieten.

Am 19. November 2007 präsentierte er den ersten Kindle der Welt. Wenige Stunden nach dem Produkt-Launch waren die ersten 25.000 Kindle-Geräte ausverkauft. Der Erfolg von Kindle war somit schon bald mit dem des iPods und des iPhones vergleichbar. Der Kommentar von Amazons Wettbewerbern in der Buchindustrie dazu lautete: „The physical value of a book is something that cannot be replicated in a digital form" (Stone 2014, S. 253). Doch die Nachfrage nach Kindles war bei weitem höher als das Angebot von Amazon, da die Lieferanten nicht ausreichend Kapazitäten hatten, um genügend Geräte herzustellen. Gekoppelt mit einem unschlagbaren Preis von 9,99 US-Dollar für eine Flatrate, welche Zugang zu allen Kindle-Büchern ermöglichte, disruptierte Amazon mit dieser Produktfamilie (der neue Kindle 2 kam im Jahr 2009 auf den Markt) wiederholt den globalen Buchmarkt.

Jedoch sollte dies noch lange nicht das Ende der Expansion Amazons in neue Märkte sein. Als Jeff Bezos zum ersten Mal eine Werbebroschüre von Netflix in seinem Paket entdeckte, bot Amazon noch kein Video-Streaming für seine Kunden an. Kurze Zeit später begann Amazon, seine Marktposition durch Akquisitionen von Unternehmen wie LoveFilm in dieser Industrie zu etablieren. Daraus resultierte in einem weiteren Schritt auch ein neuer Service für Prime-Kunden: Prime Video bietet unbegrenztes Video-Streaming eines rasant wachsenden Angebots von TV-Sendungen, Serien und neuen Filmen, welche Amazon eigenständig produziert. Der Entwicklungsprozess hört bei Amazon nie auf, wodurch mit großer Wahrscheinlichkeit gesagt werden kann, dass in den kommenden Jahren weitere Neuigkeiten von Amazon zu hören sind.

Trotz der großen Herausforderungen, langer Arbeitszeiten und der hohen Leistungsansprüche erinnern sich viele Mitarbeiter (auch diejenigen, die das Unternehmen mittlerweile verlassen haben) an die Zeit bei Amazon als die produktivste Zeit in ihrer Karriere zurück, in der sie kontinuierlich dazulernten. „Everybody knows how hard it is and chooses to be there. There is a fierce competitiveness in everything you do", sagte einer der Mitarbeiter (Stone 2014, S. 327). Andere Mitarbeiter charakterisieren das Unternehmen dagegen als bürokratisch und unflexibel. Sie bewerten die interne Unternehmenskommunikation als gering und bemängeln eine schlechte Koordination der Aktivitäten, was oftmals zu doppelten Aufwendungen führt. Bekannt ist Amazon außerdem für die ständige Bewertung der Performance seiner Mitarbeiter. So sollen alle Manager, die mehr als 50 Mitarbeiter in ihren Bereichen beschäftigen, „Top-Mitarbeiter" in ihren Abteilungen definieren und weniger leistungsfähige Kollegen „aussortieren". Das schafft eine Atmosphäre der ständigen Angst unter den Mitarbeitern. Noch heute sind Führungskräfte von Amazon dazu angehalten ihre Mitarbeiter entlang der Gaußschen Verteilungskurve zu bewerten. Dies bedeutet, dass bei einem Team von drei Mitarbeitern nur einer davon über dem Durchschnitt sein kann, während die anderen beiden Mitarbeiter auf einem durchschnittlichen oder unterdurchschnittlichen Niveau bewertet werden müssen. Dieses System schafft einen kontinuierlichen Wettbewerb.

Nichtsdestotrotz wandelte sich Amazon mit Hilfe von Kindle, Marketplace, AWS, Prime und Co. von einem E-Commerce-Start-up zu einem diversifizierten Technologieunternehmen mit immenser Marktmacht in unterschiedlichen Industrien. Dadurch etablierte sich Amazon als das innovativste, disruptivste und vor allem sehr mächtige Unternehmen, das wiederum die kompetitive Persönlichkeit seines Gründers spiegelte. Mit einem stabilen Umsatzwachstum von über 30 Prozent wuchs Amazon deutlich schneller als andere Online Pure Player, Offline-Händler und die gesamte E-Commerce-Industrie. Die Finanzwelt nahm letztlich das Potenzial von Amazon ernst: Die Erfolge von Amazons Geschäftsmodellen (Prime, AWS, Kindle etc.) führten zu steigenden Aktienkursen von Amazon. Ende 2009 sprach die Welt zum ersten Mal über Google, Apple, Facebook und Amazon als gleichwertige Marken. Damit war die „GAFA"-Ökonomie geboren (GAFA = Google, Amazon, Facebook, Apple). Diese neue Wahrnehmung verstärkte den weiteren globalen Aufschwung Amazons, der bis heute anhält.

2   Aktuelle und historische Unternehmensentwicklung von Amazon

Die Entwicklung Amazons schreitet sowohl weltweit als auch in den einzelnen Regionen der immer stärker digitalisierten Welt voran. Während das jährliche Gesamtumsatzwachstum (CAGR) des US-amerikanischen E-Commerce-Riesen in den Jahren 2010 bis 2019 bei 29 Prozent lag und von „nur" 25.714 Mio. Euro im Jahr 2010 um fantastische 224.752 Mio. Euro auf 250.466 Mio. Euro im Jahr 2019 anstieg, geht der Anteil von amazon.de am globalen Umsatz der Amazon-Gruppe von 15 Prozent oder 3985 Mio. Euro im Jahr 2010 auf 8 Prozent bei gleichzeitiger Umsatz-Verfünffachung auf 19.850 Mio. Euro zurück (siehe Abb. 2).

Trotz des rasanten globalen Amazon-Wachstums entwickeln sich die größten Amazon-Länder und Geschäftsbereiche mit unterschiedlicher, wenngleich bemerkenswerter Geschwindigkeit (Abb. 3).

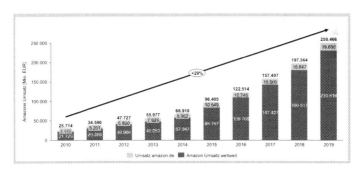

Abb. 2   Amazons Umsatz [Mio. Euro]. (Quelle: FOSTEC & Company 2020 auf Basis von Statista 2020 und Amazon 10k Report 2020)

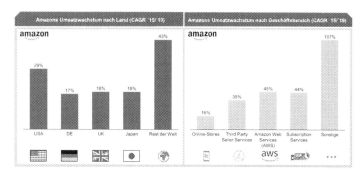

Abb. 3 Amazons Umsatzwachstum [CAGR 2015/2019]. (Quelle: FOSTEC & Company 2020 auf Basis von Amazon 10k Report 2015/2019)

Während die USA als der größte Amazon-Markt in den Jahren 2015 bis 2019 mit einer CAGR von 29 Prozent wuchs, lag die Wachstumsrate in Deutschland, dem zweitumsatzstärksten Markt für Amazon, bei 17 Prozent; UK legte um 18 Prozent pro Jahr zu, wobei der größte Amazon-Markt in Asien – Japan – den eigenen Umsatz um 18 Prozent im Jahr steigerte.

Online-Stores – das eigentliche Kerngeschäft Amazons – wuchs in den Jahren 2015 bis 2019 mit einer CAGR von 16 Prozent deutlich langsamer als alle anderen Geschäftsbereiche: Third Party Seller Services (siehe dazu Abschn. 1) stiegen um 35 Prozent an, während digitale AWS-Dienstleistungen (Amazon Web Services, siehe Abschn. 3) um 45 Prozent und Subscription Services (unter anderem Amazon Prime, Hörbücher, E-Books, Video und Musik) um 44 Prozent zunahmen. Den höchsten Zuwachs weisen „Sonstige Geschäftsbereiche" (unter anderem neulich akquirierte Ladengeschäfte sowie Amazon Werbungs-Dienstleistungen (siehe Abschn. 4) mit 107 Prozent auf (siehe Abb. 3).

Über zwei Drittel aller Amazon-Umsätze (69 Prozent) werden allein in den USA (Abb. 4) erwirtschaftet, Deutschland bleibt nach wie vor in Europa und weltweit der zweitgrößte Markt nach Umsatz für Amazon (8 Prozent), wobei der Umsatzanteil Deutschlands im Laufe der letzten acht Jahre zurückging. UK und Japan erbringen beide jeweils 6 Prozent der gesamten Einnahmen der Amazon-Gruppe, während die letzten 11 Prozent des Umsatzes in den restlichen Amazon-Ländern generiert werden. Die Hälfte der Umsätze (50 Prozent) werden nach wie vor über Amazons Online-Stores erbracht, wobei Dienstleistungen für Third Party Seller knapp ein Fünftel der Einnahmen (19 Prozent) generieren. Amazon Web Services erwirtschaften bereits 12 Prozent der Umsätze, was Amazon zu einem der zehn größten IT-Unternehmen der Welt nach Umsatz macht. Subscription Services, zu denen unter anderem Prime-Mitgliedschaften zählen, bringen weitere 7 Prozent des Gesamtumsatzes. Ladengeschäfte von Amazon sowie sonstige Einnahmequellen mit zusammen 5 Prozent runden den weltweiten Umsatz Amazons ab.

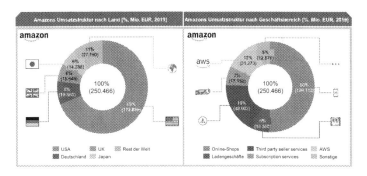

Abb. 4 Amazons Umsatzstruktur [2019; %; Mio. Euro]. (Quelle: FOSTEC & Company 2020 auf Basis von Amazon 10k Report 2015–2020)

Trotz des bemerkenswerten Umsatzwachstums in den Jahren 2010 bis 2019 entwickelte sich die Gewinnsituation mit unterschiedlichem Erfolg für Amazon (siehe Abb. 5). So wurde in diesem Zeitraum zweimal ein negativer Jahresüberschuss verbucht (in den Jahren 2012 und 2014), während der Gewinn generell im Verhältnis zum Umsatz eine sehr geringe Profitmarge (zwischen 0,5 und 4,1 Prozent) ausweisen konnte, wie man sie vom Handel kennt, jedoch nicht bei Geschäftsmodellen der Plattform-Ökonomie erwartet. Das entspricht jedoch vollkommen der Unternehmensphilosophie von Jeff Bezos, der keine kurzfristigen Gewinnziele verfolgt, sondern eine langfristige Marktmacht anstrebt und dafür kräftig investiert.

Während der globale Gewinn von Amazon in den letzten Jahren kontinuierlich anstieg, waren die Ergebnisse innerhalb und außerhalb der USA unterschiedlich (siehe Abb. 6). So wurde in Nordamerika in den letzten vier Jahren stets ein solider Überschuss zwischen 2127 Mio. Euro im Jahr 2016 und 6279 Mio. Euro im Jahr 2019 verbucht. Das aggregierte Ergebnis in allen anderen Ländern zeigt einen

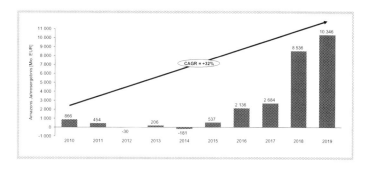

Abb. 5 Amazons Jahresergebnisse global [Mio. Euro]. (Quelle: FOSTEC & Company 2020 auf Basis von Amazon 10k Report 2015–2020)

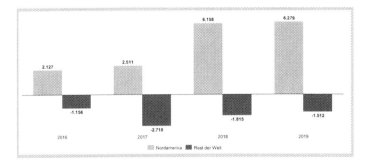

Abb. 6 Amazons Jahresergebnis nach Regionen [Mio. Euro; ohne AWS-Gewinn, da dieser laut Amazon 2019a keiner Region zugeschrieben wird]. (Quelle: Amazon 10k Report 2015–2020)

Fehlbetrag, der im Jahr 2016 bei −1156 Mio. Euro lag, sich im Jahr 2017 auf −2710 Mio. Euro mehr als verdoppelte und im Jahr 2019 auf −1512 Mio. Euro zurückging. Das spricht eher dafür, dass Amazon außerhalb der USA darüber hinaus ein weiteres Wachstums- und vielleicht auch Optimierungspotenzial hat.

Die Umsatzsteigerung wäre ohne einen starken Zuwachs der globalen Mitarbeiterzahl nicht realisierbar. Deshalb vergrößerte sich Amazons weltweite Mannschaft von 17.000 Mitarbeitern im Jahr 2007 auf 798.000 im Jahr 2019 (Abb. 7). Dieses Wachstum der Mitarbeiterzahlen wurde trotz eines sehr herausfordernden Recruitings aufgrund des leistungsorientierten Umfelds und der daraus resultierenden Fluktuation bei Amazon realisiert. Auch der intensive Einsatz von Robotern aus eigener Produktion, die die Menschen in der Lagerwirtschaft zum Teil substituieren, erhöht die Veränderungsintensität hinsichtlich der Arbeitsplätze in der Logistik (siehe dazu auch Abschn. 11). Dank der Agilität, Innovationskraft und der Entwicklungsmöglichkeiten ist die Amazon-Gruppe für Fachkräfte in vielen Ländern

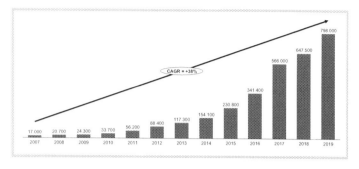

Abb. 7 Mitarbeiterzahl der Amazon-Gruppe weltweit [#]. (Quelle: Statista 2020)

von großer Bedeutung und gehört damit unter anderem im Technologie-Bereich auf globaler Ebene zu den von Investoren, Aktionären und Online-Experten begehrtesten Unternehmen, was auch auf den Bewerbermarkt abstrahlt.

Im deutschen E-Commerce führt mittlerweile kein Weg an Amazon vorbei: Im Jahr 2019 wurden bereits knapp 64 Cent von jedem Euro E-Commerce-Umsatz innerhalb Deutschlands über Amazon generiert. Dabei steigt Amazons Anteil von noch knapp über 50 Prozent im Jahr 2015 auf 64 Prozent im Jahr 2019. Der gesamte E-Commerce-Umsatz in Deutschland ist dementsprechend angestiegen: von noch rund 40 Mrd. Euro im Jahr 2015 auf 57,8 Mrd. Euro drei Jahre später. Das Umsatzverhältnis verschiebt sich von Amazons direkten Umsätzen im Vendor Modell (siehe Abschn. 1) zugunsten von Amazons Umsätzen aus dem Marketplace Modell (Einnahmen von Dritthändlern, ebenda). Wobei sowohl das Vendor Modell als auch das Marketplace Modell in den letzten vier Jahren deutlich zulegten (siehe Abb. 8).

Der große Einfluss von Amazon auf den deutschen E-Commerce resultiert aus einer starken Marktposition des

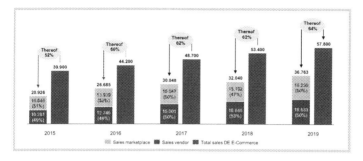

Abb. 8 Amazons Umsatzanteil am E-Commerce in Deutschland. (Quelle: FOSTEC & Company auf Basis von Handelsverband Deutschland 2019 und Amazon 2019a)

US-amerikanischen Unternehmens. Im Ranking der Top 100 Online-Webshops nach Umsatz in Deutschland besitzt Amazon mit großem Abstand vor allen anderen Online-Marken den ersten Platz mit 8,8 Mrd. Euro Umsatz im Jahr 2017 (Abb. 9). Rund 200 Prozent liegen zwischen amazon. de und dem zweitplatzierten Shop otto.de mit knapp 3,0 Mrd. Euro. Zalando.de liegt mit 1,28 Mrd. Euro auf Platz 3. Der vierte Platz ist von notebooksbilliger.de besetzt, die 0,75 Mrd. Euro oder etwa die Hälfte von Zalandos Umsatz erwirtschaften. Mediamarkt.de mit 0,73 Mrd. Euro ist auf Platz 5, direkt dahinter liegt der deutsche Discounter lidl.de mit rund 0,6 Mrd. Euro. Die Plattform alternate.de schließt die Top 10 der Online-Shops mit einem Umsatz von 0,47 Mrd. Euro ab.

Wirft man einen Blick auf die einzelnen Produktkategorien, mit denen Amazon in Deutschland am meisten Umsatz erwirtschaftet, lassen sich zehn Teilmärkte definieren. Das Ranking der Top-10 Produktkategorien nach Umsatz in Deutschland wurde im Jahr 2018 von „Elektronik & Computer" mit Anteil am Gesamtumsatz von 35 Prozent

Abb. 9 Top 14 Online-Shops in Deutschland nach Umsatz [2017; Mio. Euro] (Quelle: Statista 2019)

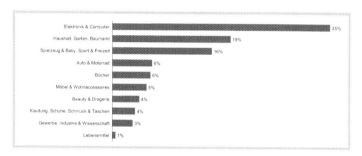

Abb. 10 Umsatzstruktur von amazon.de [Q1 2018; %]. (Quelle: FOSTEC & Company auf Basis von Amazon Watch 2018)

oder einem Umsatz von ca. 1,68 Mrd. Euro angeführt (Abb. 10). Auf Platz 2 ist die Kategorie „Haushalt, Garten, Baumarkt" mit ca. 19 Prozent (0,9 Mrd. Euro Umsatz), gefolgt von „Spielzeug & Baby, Sport & Freizeit" mit 16 Prozent oder 0,77 Mrd. Euro. Platz 4 teilen sich „Auto & Motorrad" sowie „Bücher" mit jeweils ca. 6 Prozent und 0,3 Mrd. Euro Umsatz. Es folgen „Möbel & Wohnaccessoires" mit 5 Prozent oder 0,26 Mrd. Euro sowie „Beauty & Drogerie" mit 4 Prozent Anteil und knapp über 0,2 Mrd.

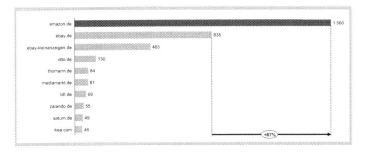

Abb. 11 Top 10 Online-Shops nach Visits in Deutschland [Q1 2018; Mio.]. (Quelle: FOSTEC & Company auf Basis von Statista und EHI Retail Institute 2018)

Euro Umsatz. Die Kategorie „Kleidung, Schuhe, Schmuck & Taschen" weist 4 Prozent sowie „Gewerbe, Industrie & Wissenschaft" 3 Prozent auf. „Lebensmittel" als eine der jüngsten Kategorien Amazons in Deutschland erbringt bereits 1 Prozent und somit rund 25,0 Mio. Euro Umsatz.

Auch im Ranking der Top 10 Online-Shops in Deutschland nach Reichweite (Anzahl der Visits) ist Amazon mit knapp 1,6 Mrd. Visits im ersten Quartal 2018 auf Platz 1 (Abb. 11), gefolgt vom berühmten Wettbewerber im internationalen E-Commerce-Umfeld ebay.de auf Platz 2 mit 835 Mio. Visits, der fast nur halb so häufig besucht wird, und ebay-kleinanzeigen.de, der „nur" rund 463 Mio. Visits sammelte, auf dem dritten Platz. Otto.de, der zweistärkste Online-Shop Deutschlands nach Umsatz, belegt Platz 4 mit 130 Mio. Visits. Zalando befindet sich mit 55 Mio. Visits auf dem achten Platz des Rankings, während die Top-10-Liste von ikea.com mit 46 Mio. Visits abgeschlossen wird.

3   Rocket Boy – Denken und Handeln von Jeff Bezos

Bisher haben wir ausführlich über Amazon als Organisation, über die leistungswirtschaftliche Entwicklung von Amazon, Innovativität und Disruption geschrieben; nun ist es an der Zeit, die Person in den Mittelpunkt der Betrachtungen zu rücken, mit welcher im Jahr 1994 in einer Garage die Amazon-Geschichte begann. Denn von der Person, die Amazon aufbaute, kann man genauso viel lernen wie von deren Unternehmen, das überdurchschnittliche innovative Ideen entwickelte und umsetzte. Wo diese disruptive Kombination aus Unternehmergeist, Umsetzungsgeschwindigkeit, Intelligenz und Technologie-Affinität herkommt, stellen wir in diesem Abschnitt dar.

Der erfolgreiche Werdegang des Amazon-Vaters, Jeff Bezos begann am zwölften winterlichen Januartag im Jahr 1964 in Albuquerque, New Mexico, in der jungen Familie von Theodore John Jorgensen und Jacklyn Gise. Die beiden Elternteile waren zu diesem Zeitpunkt unter 20 Jahre alt und selbst noch Heranwachsende. Jeff Bezos trägt einen anderen Familiennamen als sein biologischer Vater, da sich das junge Ehepaar schon 17 Monate nach der Geburt ihres Sohnes aufgrund schwieriger familiärer Umstände scheiden ließ. Als Jeff vier Jahre alt war, bekam er seinen neuen und bis heute gültigen Namen von Miguel Angel Bezos, der die Entwicklung seines Adoptivsohns Jeff von Beginn an förderte und so seinen Beitrag für die Intelligenz und Affinität zur Innovation leistete. Der achtjährige Bezos zeigte bereits in der Schule weit überdurchschnittliche Ergebnisse, erlernte erste Programmiersprachen und präsentierte sich bis auf die sportliche Entwicklung als sehr begabt. Das in Amerika so beliebte Football-Spiel mochte der junge Jeff nicht und formulierte im Alter von 13 Jahren seine ersten beruflichen Träume wie folgt: Mit dem Vorbild von Thomas Alva Edison im Herzen wollte der junge Bezos Erfinder werden. Seine Eltern unterstützten dies und kauften ihrem ältesten Sohn regelmäßig Geräte aus dem benachbarten Radiogeschäft, damit er in seinem Zimmer die ersten Roboter und solargetriebenen Kochplatten basteln konnte. Dieses Hobby verankerte sich stark in Jeffs Charakter und nur weniger Jahre später, als er sich in der Miami Palmetto Senior High School einschrieb, war er bereits Mitglied in den lokalen Scientist & Chess Clubs. Bei seinen Schulkameraden fiel er vor allem durch seine Selbstdisziplin und Konzentrationsstärke auf, wie ihn ein damaliger Schulfreund beschrieb. In den darauffolgenden Jahren erhielt Bezos mehrere Auszeichnungen für seine Leistungen: „Best Science Student" in seiner High School für drei Jahre, „Best Math Student" für zwei Jahre und die landesweite Prämie „Science Fair". Anschließend bekam er die prestigeträchtige Auszeichnung „Silver Knight" und wurde damit als Student in der Princeton University aufgenommen. In seiner Rede zum „Silver Knight"-Preisverleih sprach Bezos zum ersten Mal über seine Zukunftsvision: den Weltraum erschließen, um die Natur auf unserem Planeten durch ein großes Reservat für die kommenden Generationen zu schützen.

Egal, welche Zukunftsvision Bezos hatte, schreibt seine damalige Freundin Ursula Werner, wollte er immer wirtschaftlich erfolgreich werden, um mit dem daraus folgenden Vermögen seine Vision zu verfolgen, in das Weltall zu gehen. Der Erfolg Amazons ermöglichte Jeff Bezos, diese Vision zu verwirklichen: Anfang der 2000er-Jahre wurde inoffiziell Blue Origin gegründet, um neben SpaceX von Elon Musk und Virgin Galactic von Richard Branson wenige Jahre später unabhängig von der NASA und Co. den Weltraum zu erforschen. Auch wenn knapp 20 Jahre später nach dem Start all diese drei Unternehmen nach eigenen

Angaben weit von ihren Zielen entfernt sind, bleibt eines bestehen: Jeff Bezos und seine Kollegen werden so lange daran arbeiten, bis der Weltraum für Menschen erreichbar ist. Und zwar auf eine bezahlbare (und für die Anbieter wirtschaftliche) Art und Weise im Gegensatz zu den ineffizienten staatlichen Programmen u. a. der NASA.

Vor der Umsetzung dieser „galaktischen" Idee war jedoch einiges zu tun. Der Weg führte den begabten Absolventen der Princeton University vorerst nach New York, wo er ab dem Jahr 1986 fünf Jahre an der Wall Street arbeitete. Während er dort seine Kollegen mit seinen Skills und seiner Leistungsfähigkeit beeindruckte, war er selbst von der Langsamkeit und Stagnation, die er im Herzen der globalen Investment-Arena sah, nicht begeistert. Schon in dieser Zeit versuchte er, ein eigenes Business mit dem Versand maßgeschneiderter Newsletter zu gründen. Diese Idee wurde wegen mangelnder Investoren-Unterstützung nicht verwirklicht. Doch er ließ sich nicht entmutigen und stieg mit 26 Jahren bei einem der außergewöhnlichsten Unternehmen an der Wall Street ein. 1991 startete er nämlich in seiner nächsten (und vor Amazon letzten) beruflichen Station bei D.E. Shaw & Co., einem Hedge Fund, das sich auf quantitative Techniken im Bereich Investment Trading spezialisierte. Schon vier Jahre später wurde Jeff Bezos Vice President in diesem Unternehmen. Die Finanzfirma beschäftigte keine Financiers, sondern Mathematiker, Informatiker und Programmierer und lebte dabei eine Start-up-Kultur vor. Dr. David Shaw, Gründer des Unternehmens und ehemaliger Professor in Computerwissenschaften, sah sein „Baby" nicht als ein Hedge Fund, sondern als ein Technologielabor, in dem vor allem neue Ideen wirtschaftlich umgesetzt werden sollten.

Die Entscheidung, einen sehr gut bezahlten Job im Herzen der Finanzwelt und in einem der am schnellsten wach-

senden Unternehmen an der Wall Street aufzugeben, um
über das Internet Bücher zu versenden, würde wohl fast jedem Menschen schwerfallen. Die Rückmeldung von Bezos
Eltern, Familie und Freunden an Jeff war noch kritischer.
Dennoch fasst Jeff die Entscheidungsfindung, die die Welt
abrupt veränderte, so zusammen:

> „I knew when I was eighty that I would never [...] think
> about why I walked away from my Wall Street [job]. That
> kind of things is just something you don't worry about when
> you are eighty years old. At the same time, I knew that I
> might sincerely regret not having participated in this thing
> called the Internet [...] When I thought about it that way
> [...] it was incredibly easy to make the decision." (Stone
> 2014, S. 27)

Weiterhin war Bezos schon von seiner Rolle als CEO bei
Amazon geprägt. In dieser Position generierte er von Anfang an einen ständigen Fluss von Ideen, wie man das Kundenerlebnis verbessern kann, um der Konkurrenz immer
einen Schritt voraus zu sein. Um dieses Ziel zu erreichen,
waren dem Manager keine Grenzen gesetzt: Er musste seine
Top-Leute kommen und gehen sehen, seine Kollegen cha-
rakterisierten seinen Führungsstil als eher arm an Empathie
und er sorgte immer dafür, dass Amazon möglichst sparsam
geführt wurde. Das Positive an diesem Stil war – was ebenfalls ehemalige „Amazonians" bestätigen –, dass Bezos klare
Verbesserungen der Unternehmens-Performance und im
Kundenservice verlangte. Seine Rückmeldungen waren
eher unpersönlich und er verlangte von allen Kollegen das
Gleiche: Leistung. Auf der einen Seite zeigte sich Bezos als
sehr autoritärer CEO, dessen Mitarbeiter immer am Limit
waren, dessen Unternehmen sehr wenig Komfort und Be-
nefits für die Belegschaft bot und der selbst beim Austritt
vieler Top-Manager nichts tat, um diese zu halten. Auf der

anderen Seite ist Bezos bei seinen Mitarbeitern für die Fähigkeit bekannt, in den schwierigsten Zeiten alle zu motivieren, zusammenzuhalten und zum Ziel zu führen. Diese seltene Kombination machte Bezos über die Jahre zum begehrtesten (und erfolgreichsten) CEO weltweit, für den die besten Köpfe arbeiten wollten. Und so bleibt er – die bekannteste Person bei Amazon bis heute – gefürchtet und begehrt. Die nächsten Jahre werden zeigen, welche weiteren Pläne der „Rocket Boy" aus Seattle verwirklichen will (siehe dazu auch Teil III dieses Buches). Eines steht jedoch fest: Jeff Bezos sieht sein Unternehmen immer noch bei „Day 1" und wird einiges dafür tun, dass Amazon in den kommenden Jahren nicht an seiner Innovationskraft verlieren wird. Denn Innovation ist für Jeff die Voraussetzung für ein langfristiges Überleben.

Literatur

Amazon Watch Report Q1 2018 Beta. (2018). https://digital-kompakt.myshopify.com/products/amazon-watch-q118. Zugegriffen am 06.04.2019.

Handelsverband Deutschland. (2019). E-Commerce-Umsätze. https://einzelhandel.de/presse/zahlenfaktengrafiken/861-online-handel/1889-e-commerce-umsaetze. Zugegriffen am 05.04.2019.

https://ir.aboutamazon.com/annual-reports-proxies-and-shareholderletters/default.aspx.

Statista. (2020). Anzahl der Mitarbeiter von Amazon weltweit in den Jahren 2007 bis 2019. https://de.statista.com/statistik/daten/studie/297593/umfrage/mitarbeiter-von-amazon-weltweit/. Zugegriffen am 29.07.2020.

Statista und EHI Retail Institute. (2018). https://de.statista.com/statistik/daten/studie/537952/umfrage/reichweitenstaerkste-online-haendler-in-deutschland/. Zugegriffen am 10.05.2019.

Stone, B. (2014). *The everything store. Jeff Bezos and the age of Amazon*. New York: Little, Brown Book Group.

welt.de. (2018). Als zweites Unternehmen: Amazon erreicht Börsenwert von über einer Billion Dollar. *WELT.* https://www.welt.de/wirtschaft/article181421514/Als-zweites-Unternehmen-Amazon-erreicht-Boersenwert-von-ueber-einer-Billion-Dollar.html. https://www.welt.de/wirtschaft/article181421514/Als-zweites-Unternehmen-Amazon-erreicht-Boersenwert-von-ueber-einer-Billion-Dollar.html. Zugegriffen am 05.04.2019.

Das Amazon-Ökosystem – der Best-Practice-Blueprint der Plattform-Ökonomie

Die Informationen über Amazon, die Sie in den vorangegangenen Kapiteln erfahren haben, zeigen auf, warum der Gedanke „Amazon ist ein großer E-Commerce-Shop" nur einen relativ kleinen Teil der Realität widerspiegelt. Amazon verfügt heutzutage über zahlreiche Geschäftsmodelle für Anbieter und Nachfrager, die sowohl Business-to-Business (B2B) als auch Business-to-Consumers (B2C) abdecken und zusammen ein Ökosystem oder eine Plattform bilden (siehe Abb. 1).

Die aktuelle Übersicht der Geschäftsfelder von Amazon sieht wie folgt aus:

* **Amazon Retail Services** (klassische Handelsplattform mit Fokus auf B2C-Güter, in der Amazon die Ware direkt von Lieferanten bezieht (sogenanntes Vendor-Modell), und ein Marktplatz, in dem Amazon dritten Händlern Zugang zu seiner Verkaufsplattform gewährt (sogenanntes Marketplace-Modell)

© Springer Fachmedien Wiesbaden GmbH, ein Teil von Springer Nature 2021
M. Fost, *Was würde Amazon tun?*,
https://doi.org/10.1007/978-3-658-14565-1_4

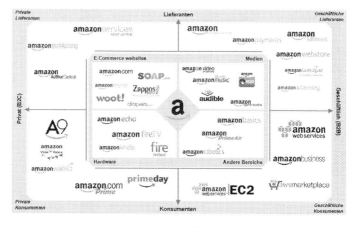

Abb. 1 Das vielschichtige Amazon Ökosystem. (Quelle: FOSTEC & Company 2019)

* **Amazon Business** (Handelsplattform für den B2B-Markt; dieses Modell greift dabei auf die gesamte Infrastruktur von Amazon Retail Services zurück – sowohl auf das Vendor- als auch auf das Marketplace-Modell)
* **Amazon Web Services** (IT-Dienstleistungen wie Cloud-Computing für Unternehmen und Organisationen weltweit)
* **Amazon Advertising** (Marketingdienstleistungen für Anbieter und Werbetreibende, welche Amazon als Marketingplattform nutzen möchten)
* **Amazon Prime** (Kundenbindungsprogramm, welches als Abonnement angeboten wird und Vorteile wie kostenlose schnelle Lieferungen, Video-Streaming, Speicherplatz für Bilder etc. beinhaltet)
* **Innovation Hub** für weitere Disruptionen (Bündelung unterschiedlicher voneinander unabhängiger Start-ups innerhalb der Amazon-Organisation)

Amazon ist ein Ökosystem, welches stetig weitere Services ergänzt. Abb. 10 zeigt, wie Amazon neue Services zunächst als Start-up-Innovation in kleinen Teams launcht, bevor diese bei entsprechendem Erfolg zu einem Core-Service werden.

Die Gesetze dieses Systems zu verstehen und durch eine Zusammenarbeit mit Amazon Teil der Amazon-Wachstumsgeschichte zu werden, ist für viele Hersteller und Händler eine großartige Chance. Mit „Vendor Central" und „Seller Central" stehen Händlern zwei Wege zur Verfügung, um über Amazon als Plattform Zugang zu der breitesten Kundenbasis weltweit im B2C-Segment zu erhalten. Doch worin unterscheiden sich die beiden Systeme und was sind ihre Vorteile aus Nutzersicht sowie aus Sicht von Amazon? Im Folgenden beleuchten wir die einzelnen Teile des Amazon-Ökosystems und erklären das von Amazon im jeweiligen Segment betriebene Geschäftsmodell.

1   Amazon Retail Services

Dieses Geschäftsfeld besteht aus zwei Segmenten. Im ersten sogenannten „Amazon Vendor"-Segment tritt Amazon selbst als Händler auf und bezieht die Ware von Produzenten und Großhändlern. Diese werden „Vendoren" genannt. Die Ware hingegen wird über Amazon an Endkunden geliefert. Mit diesem Konzept begann Amazon seine Erfolgsgeschichte im Jahr 1994 und betreibt dieses Geschäftsmodell seither. Dabei agiert Amazon als klassischer Händler, der alle Stufen der Wertschöpfungskette abdeckt: Amazon baut Lagerbestände auf, vertreibt die Produkte an Endkunden, führt den Zahlungsverkehr durch und bietet After-Sales-Services an. Hier kann Amazon mit klassischen Handelshäusern der Vor-Internet-Ära verglichen werden. Der signifikante Vorteil von Amazon besteht in einem nahezu unbegrenzten Produktsortiment sowie in der flächendeckenden Präsenz von Amazon, unabhängig von den physischen Grenzen eines typischen Einkaufszentrums. Die „Öffnungszeiten" von Amazon (24/7/365) sind ein weiterer Vorteil, den sich konventionelle Warenhäuser noch nicht aneignen können. Zudem nutzt Amazon für das Vendor-Modell einen Preisalgorithmus, welcher unter Berücksichtigung der Marktpreise sämtlicher E-Commerce-Wettbewerber den Abgabepreis der Artikel stets im Preis-Mengen-Optimum festsetzt, um damit auf eine hohe Absatzstückzahl zu gelangen. Gleichzeitig suggeriert Amazon durch ein Preismatching bei schnell drehenden Artikeln, ein für den Kunden attraktiver Beschaffungskanal zu sein, bei dem der Kunde günstig einkaufen kann.

Wie würde ein Händler agieren, wenn er sein Sortiment schneller aufbauen möchte, ohne in den Umbau der gesamten Infrastruktur investieren zu müssen? Höchstwahrscheinlich würde er seine bekannte Marke als eine Art Plattform Dritthändlern zu Verfügung stellen, wie man es bei Shop-in-Shop-Konzepten von großen stationären Handelsketten kennt. Genau dies hat Amazon getan. Für die Plattformnutzung des Amazon Marketplaces wird je nach Seller-Tarif eine Gebühr pro Transaktion und Provision auf den Umsatz erhoben. Nach der Bestellung durch den Kunden übermittelt Amazon die Bestellung über das Seller Central, sodass der Anbieter die Ware im eigenen Namen auf eigene Rechnung versenden kann. Alternativ dazu kann sich ein Anbieter im sogenannten Fulfillment-by-Amazon-(FBA)-Programm in die Amazon-Logistik einmieten. Damit profitiert der Anbieter von einer schnellen Lieferung, ohne eigene Kapazitäten für die Logistik vorhalten zu müs-

sen. Der Anbieter bezahlt hierfür eine volumengewichts-
abhängige Gebühr pro Transaktion. Dazu kommt eine
Lagergebühr, welche sich nach den beanspruchten Kubik-
metern richtet. Um die eigene Marke von Amazon nicht
durch zweifelhafte Händler zu beschädigen, führt Amazon
ein permanentes Monitoring sämtlicher Prozesse der Mar-
ketplace-Händler durch. So wird sichergestellt, dass mittelfristig nur zuverlässige Händler auf Amazon anbieten können. Noch vor wenigen Jahren war es relativ einfach, einen
Amazon-Seller-Account zu eröffnen. Aufgrund diverser Be-
trugsfälle hat Amazon den Anmelde- und Freischaltprozess
für Marketplace-Anbieter massiv überarbeitet, um fragwür-
dige Anbieter von der Plattform zu halten und die Betrugs-
fälle auf ein Minimum zu reduzieren. Der Amazon Marketplace wurde Anfang der 2000er-Jahre zunächst in den USA
eingeführt. Dadurch bekamen unbekannte Hersteller und
kleine Händler plötzlich einen Zugang zu Millionen Kunden und einer starken Nachfrage. Seither können diese
Händler ihr Wachstumspotenzial realisieren, indem sie von
der Sichtbarkeit der Umsatzmaschine Amazon profitieren.
Die Ware wird im Namen des Drittanbieters („Seller") vermarktet. Amazon nimmt die Zahlungen von Kunden ent-
gegen und überweist diese nach Abzug der Gebühren an die
Drittanbieter weiter. Mit dem Marketplace hat Amazon die
Markteintrittsbarrieren so niedrig gelegt, dass eine gesamte
Ökonomie an sogenannten Private-Label-Marken entstanden ist. Solche Private-Label-Marken wie Anker, KAVAJ
oder FUXTEC starten ihre Distribution zumeist auf Amazon, um die Reichweite zu nutzen, bevor weitere Kanäle
ergänzt werden.

Das Marktplatzmodell, welches Amazon zu einem signi-
fikantem Umsatzwachstum verhalf, ist bereits aus dem Mit-
telalter bekannt und spiegelt die Struktur eines Wochen-
markts wider: Der Marktbetreiber sammelt eine Standmiete

von den Verkäufern ein. Letztere dürfen anschließend ihre Ware an die Wochenmarktbesucher vermarkten. Auf Amazon hängt die „Standmiete" von der Produktkategorie ab und liegt zwischen 5 und 20 Prozent des Umsatzes zzgl. einer Transaktionsgebühr. Die Transaktionsgebühr berechnet sich aus dem Bruttoverkaufspreis, sodass die tatsächliche Provision bei beispielsweise 15 Prozent zzgl. 19 Prozent MwSt. bei 17,85 Prozent liegt. Im Amazon-Ökosystem besitzt das Marketplace-Modell eine zentrale Rolle, ist nahezu unendlich skalierbar und ermöglicht eine kontinuierliche Geschäftsfelderweiterung für Amazon. Das Geheimnis dabei ist bekanntlich: Amazon verfügt über sämtliche kunden- und produktbezogenen Daten. Kein anderes Unternehmen in der westlichen und angloamerikanischen Welt verfügt über derart viele Kundendaten wie Amazon. Diese Daten bilden die Grundlage für zukunftsweisende, datengetriebene Entscheidungen von Amazon. Aus diesen Erkenntnissen heraus optimiert Amazon sowohl die Marketingmaßnahmen als auch das Produktsortiment, speziell bei den Eigenmarken und der Aufnahme neuer Produkte in Amazon Basics, das Eigenmarkenprogramm von Amazon.

Beide Geschäftskonzepte (Vendor und Marketplace) haben Vor- und Nachteile (siehe Abb. 2), sodass nicht pauschal gesagt werden kann, welches Modell für den Anbieter auf Amazon das vorteilhafteste ist. Vorteile des Marketplace sind der Zugang zu Kundendaten sowie die Kontrolle über die gesamte Wertschöpfungskette hinweg bzgl. der Abgabepreis, welchen der Anbieter im Marketplace selbst festsetzen kann. Darüber hinaus entfällt die Notwendigkeit der Vertragsverhandlungen mit Amazon, welche im Vendor-Modell so manchen Anbietern im Zeitverlauf die Profitabilität zunichtemachten. Die Nachteile des Marketplace-Modells bestehen vor allem darin, dass es schwieriger ist,

Abb. 2 Vor- und Nachteile der Amazon-Vendor- und -Market-place-Modelle. (Quelle: FOSTEC & Company 2019)

die gleiche Produktsichtbarkeit auf Amazon aufzubauen, da der Zugang zu den über Amazon verfügbaren Marketing-maßnahmen begrenzter ist als für Vendoren, was das Ver-kaufspotenzial limitiert. Zudem muss sich der Anbieter selbst um die Logistik, den Versand und die Retouren küm-mern, sofern er nicht die Fulfillment-by-Amazon(FBA)-Op-tion hinzubucht. Außerdem werden spezielle Re-Pricing-Tools benötigt, um die eigenen Produktpreise automatisch an das Marktpreisniveau anpassen zu können. Angebote außerhalb des Marktpreises haben auf Amazon geringe Chancen, Absatz zu erzielen.

Im Vendor-Modell hingegen steht dem Anbieter das gesamte Marketingangebot von Amazon zur Verfügung. Zudem haben Vendoren bei der Content-Listung ihres Produktkatalogs höhere Schreibrechte[1] als Marketplace-Anbieter und können damit nicht so leicht überschrieben

---

[1] Mit Schreibrechte ist gemeint, dass die Lieferanten, welche das Vendor-Modell nutzen, bei der Listung des Produktcontents die höchsten Schreibrechte besitzen und daher nicht von Marketplace-Händlern überschrieben werden können.

werden. Darüber hinaus umfasst das Vendor-Angebot außer dem Marketing auch die zuverlässige Amazon-Logistik,
welche Anbieter an der hohen Markenbekanntheit und
dem Kundenvertrauen von Amazon partizipieren lässt. Vor
allem in Produktkategorien wie Fashion oder Lifestyle, die
oft von höheren Retourenquoten betroffen sind, erweist
sich eine Retouren-Pauschale von Amazon als vorteilhaft
für den Anbieter. Durch die automatische Teilnahme an
Amazon Prime gebündelt mit dem gesamten Leistungsspektrum an Marketinginstrumenten kann im Vendor-Modell das volle Umsatzpotenzial einer Marke erschlossen werden. Die Vorteile des Vendor-Modells haben für Hersteller
jedoch einen hohen Preis: Erstens sind Verhandlungen von
Verträgen und Konditionen mit Amazon, deren Qualität
für eine langfristig erfolgreiche Geschäftsbeziehung mit
Amazon entscheidend ist, nötig. Zweitens ist sich Amazon
seiner Marktdominanz bewusst, weswegen es in solchen
Verhandlungen harte Konditionen durchsetzen kann, was
zu Lasten der Anbieter geht. Darüber hinaus liegt die gesamte Preishoheit bei Amazon. Durch den Preisalgorithmus von Amazon gepaart mit der Best-Preis-Matching-Stra-
tegie von Angeboten bei externen E-Commerce-Anbietern
können Preiserosionen verursacht werden, welche sich für
den Anbieter langfristig ungünstig auf die Margen auswir-
ken. Zudem bleiben die Kundendaten bei Amazon und
werden nicht herausgegeben bzw. mit Vendoren geteilt,
außer wenn diese sich sogenannte Amazon-Retail-
Analytics(ARA)-Services kostenpflichtig hinzubuchen. Dadurch erkaufen sich Hersteller die Vorteile des Vendor-
Modells hinsichtlich der Absatzmaximierung mit einem
Teil ihrer Souveränität. Um diesen Schritt abzuwägen,
empfiehlt sich in jedem Falle die Entwicklung einer ganzheitlichen Amazon-Strategie. Eine Zusammenstellung der

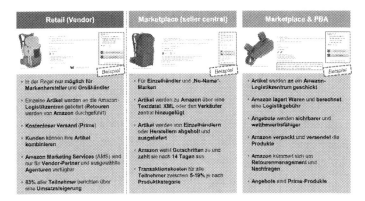

Abb. 3 Übersicht über die Charakteristiken des Vendor- und Marketplace-Modells. (Quelle: FOSTEC & Company 2019)

wichtigsten Informationen über das Vendor- und Marketplace-Modell bietet Abb. 3.

Um die Sichtbarkeit auf Amazon zu erhöhen, bieten sich weitere Möglichkeiten an. So können Seller eine engere Kooperation mit Amazon eingehen und dessen Logistikdienstleitungen in Anspruch nehmen. Diese Leistung umfasst die Lagerung, den Versand und die Retournierung der Ware durch Amazon und trägt den Namen „Fulfillment by Amazon (FBA)". Zwar wird dafür eine höhere Abgabe fällig, aber die FBA-Ware wird sichtbarer und kann im Rahmen von Amazon Prime versendet werden. Kunden honorieren den schnellen Prime-Versand mit höheren Verkäufen, was zu einer deutlichen Umsatzsteigerung führt. Darüber hinaus bietet Amazon die Logistikinfrastruktur Dritten an, die nicht über den Marketplace wirtschaften: Externe Online-Shops können genauso bei Amazon Lagerhaltung, Kommissionierung, Verpackung, Versand und Zahlungsabwicklung buchen.

Die Zahlungsabwicklung stellt eine weitere gebündelte Dienstleistung für Drittanbieter dar: Mit Amazon Payments können Kunden auf ihren Smartphones oder Computern sowohl auf Amazon direkt als auch bei kooperierenden Partnern bezahlen. Dafür genügt eine einmalige Hinterlegung der Kreditkarten- bzw. Bankdaten. Somit stellt Amazon einen Konkurrenten für Bezahldienste von Apple, Google und Samsung dar, denn es wird davon ausgegangen, dass Zahlungen über mobile Geräte kontinuierlich an Bedeutung gewinnen werden. Kunden profitieren dabei von zuverlässigen Zahlungsmöglichkeiten durch Amazon, während das Unternehmen die Zahlungsströme kontrollieren kann.

2   Amazon Business

Nachdem Amazon seine Erfolge im B2C-Segment manifestierte, entstand die Idee, das bekannte Servicelevel fortan auch Firmenkunden, sogenannten B2B-Kunden, anzubieten. Die Anforderungen von B2B-Kunden sind spezifisch und betreffen neben den Zahlungsbedingungen (Rechnungskauf) auch Prozessworkflows und die Berechtigung des Nutzers zum Kauf im Namen eines Unternehmens, jedoch auch die Einbindung von Procurement-Systemen, wie in Abb. 4 ersichtlich wird. Somit wurde die Expertise von Amazon als Händler, Marktplatzbetreiber und Logistikanbieter im Bereich der Privatkunden (B2C) für Businesskunden (B2B) erweitert.

Der B2B-Bereich ist hinsichtlich des Marktvolumens wesentlich größer als der B2C-Markt und hinsichtlich des Online- vs. Offline-Marktanteils noch auf niedrigem Niveau. Demzufolge stellt er einen der größten Wachstumsmärkte im E-Commerce dar. Während der Online-Anteil

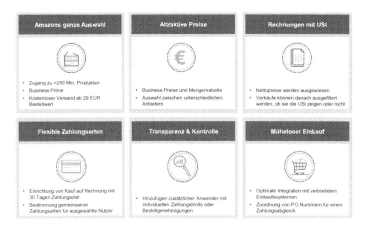

Abb. 4 B2B-spezifische Optionen von Amazon Business. (Quelle: amazon.de)

im B2C-Bereich je nach Warengruppe schon heute bei 12 bis 45 Prozent liegt, beträgt der E-Commerce-Umsatz im B2B-Markt erst 2 bis 10 Prozent, wobei der B2B-Markt gemessen am Umsatz insgesamt doppelt so groß wie das B2C-Geschäft ist. Hinzu kommt, dass laut einer Umfrage (ibi research 2018) bis zum Jahr 2025 über 50 Prozent aller Unternehmenseinkäufe online getätigt werden sollen, wenngleich schon im Jahr 2018 über 30 Prozent der befragten Unternehmen auf Amazon Business aktiv verkauften (siehe Abb. 5).

Besonders verwunderlich ist der geringe Online-Anteil auf den ersten Blick vor dem Hintergrund, dass der B2B-Markt bis zum Jahr 2020 ein Volumen von 6700 Mrd. Euro erreicht und in etwa doppelt so groß ist wie der B2C-Markt. Dass der Erfolg im B2B-E-Commerce-Markt kein Selbstläufer ist und sich Prozesse aus dem erfolgreichen B2C-Bereich von Amazon nicht einfach 1:1 übernehmen lassen, hat Amazon bereits schmerzhaft erleben müssen, wie die nachfolgende Historie zeigt:

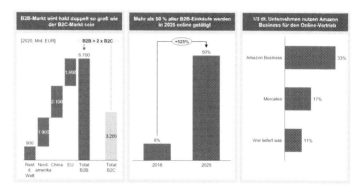

Abb. 5 Wachstumspotenziale im Online-B2B-Markt für Amazon (Grafik links: Globaler Markt; Grafik Mitte und rechts: Deutscher B2B-Markt). (Quelle: FOSTEC & Company in Anlehnung an ibi research 2018)

* **2005**: Amazon übernimmt Smallpart.com. Die Waren wurden damals über den Webshop von Smallpart selbst verkauft, während nach und nach Übernahmen weiterer Internet-Unternehmen im B2B-Bereich durch Amazon hinzukamen.

* **2012**: Amazon ändert das Konzept und startet mit Amazon Supply die Beta-Phase. Der Plan: Andere Großhändler sollten allein durch den enormen Umfang der Produktpalette in Bedrängnis geraten. Doch die von Amazon anvisierten kleinen und mittelständischen Unternehmen (KMU) sprangen nicht auf die vermeintlich enorme Auswahl an, obwohl diese kombiniert mit einigen aus dem B2C-Bereich übernommenen Anreizen wie Versandkostenfreiheit und 365-Tage-Rückgaberecht durchaus attraktiv gestaltet war. Amazon musste feststellen, dass B2B-Kunden gänzlich andere Anforderungen haben als B2C-Kunden, vor allem im Hinblick auf die Integration von Geschäftsprozessen. Ein weiterer Grund

für den Misserfolg von Amazon Supply war die Tatsache, dass diese eine autarke Plattform darstellte, die ohne Verlinkung zur bereits sehr etablierten und hinsichtlich der Online-Sichtbarkeit wohl kaum zu übertreffenden Amazon-B2C-Welt (amazon.com) es daher nicht schaffte, den nötigen Traffic aufzubauen. Doch Jeff Bezos wäre nicht er selbst, wenn er sich von einem Rückschlag hätte aufhalten lassen – und von der ursprünglichen Strategie, einen B2B-Marktplatz aufzubauen, absehen würde. So stellte Jeff Bezos den autarken B2B-Marktplatz „Amazon Supply" zwar ein, launchte aber stattdessen den integrierten Marktplatz „Amazon Business". Dieses neue Konzept sollte dann endlich den Durchbruch auf dem B2B-Markt bringen. Es musste also ein neues Konzept her, welches endlich den Durchbruch auf dem B2B-Markt bringen sollte.

⁕ **2015**: Amazon Supply wurde zu Amazon Business (Abb. 6) und im Stile einer „Landing-Page" direkt in die bereits sehr etablierte und im Internet sehr sichtbare amazon.com-Retail-Welt integriert. Neben einer noch umfangreicheren Produktpalette ist eine weitere entscheidende Neuerung entstanden: Der Marktplatz im B2B-Umfeld wird ebenfalls für Dritte geöffnet. So kann der Online-Gigant nicht nur bestehende Lieferbeziehungen auf die Plattform bringen, sondern das Sortiment perspektivisch auch unendlich erweitern. Dadurch, dass Amazon Business von der Sichtbarkeit der bereits etablierten B2C-Plattform profitiert, konnte auch das Kundenerlebnis gesteigert werden. Folglich entstanden mehr Verkäufe und eine Aufwärtsspirale, die es erlaubt, Kosten und Preise zu senken, um so für noch mehr Wachstum zu sorgen.

Amazon Supply (Start 2012 in den USA)   Amazon Business (Start 2015 in den USA)

Abb. 6 Umwandlung von Amazon Supply in Amazon Business. (Quelle: Amazon Supply, Amazon Business)

- **2016–2018**: Markteintritt in Deutschland, Großbritannien, Japan, Indien, Frankreich, Spanien und Italien.

Dass dieses Konzept aufgeht, zeigt das Beispiel der USA. Innerhalb kürzester Zeit entstand dort ein B2B-Marktplatz, der schon im ersten Jahr über eine Mrd. Euro Umsatz erwirtschaftete und 30.000 Händler für sich gewinnen konnte, die ihre Produkte auf der Plattform an über 40.000 Geschäftskunden verkaufen. Die Zuwachsraten von Amazon Business steigen ununterbrochen weiter. Zu den Kunden zählen heute Kleinstbetriebe ebenso wie Fortune-500-Unternehmen bzw. DAX-Konzerne, um Produkte von Akkumulatoren bis hin zu Zementmischungen zu distribuieren. Angesichts des Erfolgs von Amazon Business sowie des enormen Wachstumspotenzials auf dem B2B-Markt und der Tatsache, dass Amazon immer weiter auf seine inzwischen über 70 Eigenmarken setzt, kann man mit Sicherheit sagen, was Amazon nicht tun wird: sich mit der bloßen Bereitstellung einer B2B-Handelsplattform zufriedengeben. Das erklärte Ziel von Amazon Business ist die Vollversorgung von B2B-Unternehmen mit einer umfassenden Produktpalette an MRO-Gütern (MRO = Maintenance, Repair and Operations; deutsch: Wartung, Reparatur und Betrieb). Dies stellt einen Frontalangriff an etablierte B2B-Handelsunternehmen wie Würth, Berner, Förch, Kaiser+Kraft & Co. dar, welche allesamt Mühe haben, ihre analog geprägten Unternehmen fit für die Plattformökonomie zu bekommen. Der Karstadt-Quelle- oder Media-Saturn-Effekt, den wir aus der B2C-Handelslandschaft kennen, wird sich 4 bis 6 Jahre später auch auf die B2B-Welt übertragen. Bleibt zu hoffen, dass die vorgenannten Unternehmen hieraus ihre Lehren ziehen und rechtzeitig mit einem Transformationsprogramm starten, um diesen Bereich nicht kampflos an Amazon zu übergeben.

3   Amazon Web Services

Mit dem Verständnis, kein Online-Händler, sondern ein Technologieunternehmen zu sein, entwickelte Amazon von seinem ersten Jahr an eigene Web-Technologien und wendete computergestützte Algorithmen an, um eigene Prozesse wie Amazons Website-Tracking, jedoch auch die Logistik zu optimieren. Angespornt durch die starke Position von Google wollte sich Amazon schon Anfang der 2000er-Jahre auf dem Markt für IT-Dienstleistungen deutlich besser positionieren. Neben dem Aufbau einer eigenen Produktsuchmaschine sollten weitere IT-Geschäftsmodelle entstehen. Eines davon durch die Zurverfügungstellung der eigenen IT-Infrastruktur für Dritte. Für den Retail-Bereich musste Amazon ohnehin große Serverfarmen bereitstellen, deren Kapazität aufgrund der hohen saisonalen Schwankungen zum Großteil unausgeschöpft blieb. Dafür wurde

intern eine Entwicklungsgruppe mit dem formellen Namen „Amazon Web Services" (AWS) gegründet. Ca. 15
Jahre nach dem Start besitzt AWS die weltweit führende
Position im Bereich Cloud-Computing. AWS hat Groß-
kunden wie Netflix, Pinterest, Instagram und Dropbox.
Sogar einige Teile des Fileserver-Systems der NASA und der
CIA laufen inzwischen über AWS-Server. DAX-30-Kon-
zerne wie Daimler nehmen ebenfalls AWS-Leistungen in
Anspruch. Daimler verarbeitet auf der AWS-Cloud-Infra-
struktur enorm hohe Datenmengen, die von Radar-, Ka-
mera- und Laserscanner-Systemen der Testfahrzeuge, welche für das autonome Fahren erprobt werden, erzeugt
werden. Die dadurch generierten Datenmengen im Petaby-
te-Bereich werden physisch von einem sogenannten Amazon „Snowmobile" abgeholt – einem Truck, welcher wie ein
Heizöltanker aussieht, tatsächlich jedoch einen übergroßen
Speicher mit zentimeterdickem Glasfaserkabel transpor-
tiert, damit hohe Datenmengen aufnimmt, und diese anschließend in einem großen Internet Backbone zum Beispiel in Frankfurt/Main in das Cloud-Netzwerk einspielt
(siehe Abb. 7).

Grund für den analogen Datentransport ist die Tatsache,
dass die Internetbandbreite der Konzerne zu gering wäre,
um derart hohe Datenmengen transportieren zu können.
AWS trägt maßgeblich zum weiteren Wachstum von Amazon bei und verbessert die gesamte Profitabilität des Unternehmens. Wie konnte ein Online-Händler in einem von
seinem originären Kerngeschäft weit entfernten Umfeld so
erfolgreich sein? Diese Frage versuchen wir im folgenden
Abschnitt zu beantworten.

Die ersten Phasen des AWS wurden zu gleichen Teilen in
Seattle und Cape Town in Südafrika entwickelt, wo einer

Abb. 7 Amazon Snowmobile. (Quelle: https://siliconangle.com/2017/08/01/wandisco-integrates-fusion-tech-aws-snowball-enable-use-data-still-transit/. Zugegriffen am 30.07.2020.)

der Ingenieure Amazons eine Art Niederlassung für Amazon eröffnete. Jeff Bezos war sehr an diesen Ausarbeitungen interessiert, brachte seine Vision für die Reichweite der AWS ein und beschleunigte damit den gesamten Prozess. Die Vision des AWS wurde samt eines Businessplans entwickelt und sobald das Top-Management von Amazon diesen genehmigt hatte, begann die globale Umsetzung, was bald zu einem der erfolgreichsten Geschäftsbereiche eines Konzerns in der Wirtschaftsgeschichte wurde. Im März 2006 präsentierte Amazon dem Publikum den Nachfolger von AWS: Simple Storage Service oder S3, das anderen Websites und Programmierern die Speicherung ihrer Dokumente, Bilder etc. auf Amazons Servern erlaubte. Während S3 keine breite Aufmerksamkeit genoss, folgte ein zweiter Service im Rahmen künftiger AWS namens Elastic Computer Cloud (ECS). Gedacht war dieser für Start-ups und private IT-Entwickler. Der Service war an der US-amerikanischen Ostküste bereits vollständig ausgebucht, bevor er im Westen des Landes überhaupt angeboten werden konnte.

Damit das neue Geschäftskonzept den Markt erobert, folgte Jeff Bezos seinem bekannten Prinzip der Langzeitperspektive. Er strebte keine kurzfristigen Gewinne im Bereich von Cloud-Computing an. Aus diesem Grund wollte er die AWS-Leistungen so günstig wie möglich anbieten, um für marktführende IT-Unternehmen wie Google, Microsoft, IBM oder SAP diesen Markt wegen geringer Margen unattraktiv zu machen. So konnte Amazon durch eine eher schwache Konkurrenz den Markt für sich selbst sichern. Bezos sagte, dass geringe Margen mehr Kunden generieren, während hohe Margen Aufmerksamkeit von Wettbewerbern erwecken. Das Ergebnis dieser Unternehmensstrategie postulierte Eric Schmidt, Ex-CEO von Google, der schnell bemerkte, dass alle Start-ups, die er besuchte, AWS-Kunden waren: „All of the sudden, it was all Amazon ... It's a significant benefit when every interesting fast-growing company starts on your platform" (Stone 2014, S. 223).

Erst nachdem der kommerzielle Erfolg von AWS bekannt war, zogen die IT-Giganten nach: Im Jahr 2010 startete Microsoft seine Azure-Plattform und zwei Jahre später kündigte Google seine eigenen Cloud-Dienstleitungen an. AWS machte nicht nur Gewinne, sondern es änderte auch die Kostenstrukturen der Unternehmen. Die IT-Infrastrukturen waren nicht mehr von fixen, sondern von variablen Kosten geprägt. Dementsprechend konnten diese voll flexibel an die steigenden Umsätze eines Unternehmens angepasst werden. Kein Fachpersonal wurde benötigt, um die eigenen Server im Unternehmen zu warten. Zudem konnte durch die Cloud-Computing-Services exakt die IT-Kapazität gebucht werden, welche von den Unternehmen benötigt wurde. Die Skalierung der Serverkapazität konnte flexibel erfolgen. Besonders vorteilhaft war diese Entwicklung für Start-ups, die so knappes (Venture-)Kapital in die Produktentwicklung und das Wachstum investieren konnten. Das erlaubte Unternehmen, mit ihren Geschäftsmodellen flexibler zu experimentieren und schneller auf Umsatzschwankungen zu reagieren. Der Service wurde derart stark nachgefragt, dass AWS heute neben Microsoft als Branchenprimus im Cloud-Computing-Markt gilt, obwohl die Markteintrittsbarrieren für Software-Provider wie Microsoft und Google in den Cloud-Computing-Markt vielfach geringer waren. Amazon AWS war über viele Jahre der unangefochtene Marktführer, bevor Microsoft mittels der von Satya Nadella 2014 vorgestellten „Cloud first"-Strategie zu einer rasanten Aufholjagd angetreten ist. Abb. 8 zeigt die aktuellen Marktanteile der größten Cloud-Computing-Unternehmen, aus denen ersichtlich ist, dass AWS nach wie vor der unangefochtene Marktführer im Segment

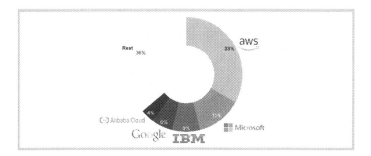

Abb. 8 Marktanteile der größten Cloud-Computing-Unternehmen nach Umsatz weltweit [Qi 2018; %]. (Quelle: Statista 2018)

ist. Die wirtschaftlichen Erfolge von AWS (siehe dazu Abschn. 2) bilden dabei das Rückgrat für die weitere Entwicklung von Amazon und seinen Innovationen.

Im Segment der Cloud-Lösungen beherrscht Amazon bereits heute fast alle Glieder der Wertschöpfungskette von der Herstellung über die Bereitstellung bis zur Wartung. Amazon ist heute mit seinen Web Services (AWS), Hosting- und Datenspeicherung der weltweit führende Online-Dienstleister. Dadurch wurde Amazon der Wegbereiter für die weltweite Popularität der Cloud-Lösungen. Diese Erfolge generierte Amazon nicht ohne Fehler und viel Aufwand. Als mehr und mehr Start-ups und große Unternehmen AWS nutzten, kam es häufig zu Ausfällen, weshalb AWS nicht nur einmal ins Wanken geriet. Dennoch ließ sich das AWS-Team von diesen Ereignissen nicht entmutigen und arbeitete weiter an der Stabilisierung bestehender und der Entwicklung neuer Services, welche die Funktionalität von AWS erweiterten, wie zum Beispiel Flexible Payment Services oder Amazon Cloud Search. Die im Vergleich zum Wettbewerb verhältnismäßig günstigen AWS-Leistungen unterstützen somit den Aufbau zahlreicher Internet-Start-ups, die ohne AWS höhere Markteintrittsbarrieren zu bewerkstelligen hätten. Auch größere Unternehmen in Branchen wie Finanzen, Öl & Gas, Gesundheitswesen oder Bildung konnten durch den Umstieg auf AWS deutlich innovativer und kostengünstiger werden. Zudem konnte Amazon die führenden Hardware-Unternehmen dieser Dekade wie Sun Microsystems und Hewlett Packard überholen. Die größten Vorteile brachte AWS jedoch für Amazons Image. Amazon wurde durch die AWS-Innovationen wiederholt einer der begehrtesten Arbeitgeber für Ingenieure und Entwickler, obwohl auch in diesem Bereich Amazon nicht mit der besten Work-Life-Balance der Branche punkten konnte. Das Produktangebot von Amazon wurde um unbegrenzte Speicherkapazitäten erweitert und Amazon wurde als Technologieunternehmen im breiten Publikum wahrgenommen. Jeff Bezos erreichte ein weiteres Etappenziel. Seine Strategie der langfristigen Investition in den kostspieligen Aufbau der IT-Infrastruktur hat sich auch in diesem Geschäftsbereich ausgezahlt.

4   Amazon Advertising

Das umfassende Produktsortiment von Amazon umfasst aktuell weltweit über 353 Mio. Artikel (Hufford 2018). In dieser Menge noch selbst als Marke sichtbar und für Kunden auffindbar zu sein, ist nicht leicht und bedarf professioneller Lösungen hinsichtlich Content-, Marketing-, aber auch einer stringenten Account-Steuerung. In der Sichtbarkeit der Produkte auf der Amazon-Plattform liegt auch das Geheimnis für ein hohes Umsatzpotenzial. Sämtliche Marketinglösungen bündelt Amazon in einem eigenständigen und sehr umfassenden Geschäftsmodell namens „Amazon Advertising", das Ende 2018 die drei ursprünglichen Amazon-Marketing-Säulen „Amazon Media Group", „Amazon Advertising Platform" und „Amazon Marketing Services" (AMS) bündelte (Abb. 9), welche in der Vergangenheit autark agieren durften.

Wie profitieren Lieferanten und Partner („Vendoren", siehe Abschn. 1) von Amazon Advertising? Die vorgenannten Marketingoptionen ermöglichen es, die Auffindbarkeit der Artikel zu verbessern und die Online-Visibilität der Artikel zu steigern. Dies hat einen nachhaltigen und positiven Effekt auf Absatzmengen, Umsätze und das Ranking eines Vendors auf Amazon. Während die oben genannten Marketingservices von Amazon seit Mitte 2015 Vendoren auch in Deutschland zur Verfügung stehen (factor-a Part of

Abb. 9 Entstehung von Amazon Advertising. (Quelle: FOSTEC & Company)

DEPT GmbH 2019), bestehen diese Services im Wesentlichen aus neuen Display-Ad-Möglichkeiten, die Amazon-Firmenkunden buchen können. Diese Werbung erscheint meistens während der Produktsuche sowohl unterhalb der Suchergebnisse als Sponsored Products als auch oberhalb der Suchergebnisse als Headline Search Ad. Darüber hinaus erscheinen die mit Amazon Advertising geförderten Artikel direkt auf Produktseiten (der Wettbewerber) als Product Display Ads.

Als Konsequenz eines durchdachten und rationalen Einsatzes von Amazon Advertising können sich Verkäufer von ihren Wettbewerbern auf Amazon abheben. Da auch beim Einsatz von Amazon Advertising nicht jeder Klick zwangsläufig zum Verkauf einer zusätzlichen Einheit führt, ist es für Verkäufer elementar, die verfügbaren Marketinginstrumente zu verstehen und effizient einsetzen zu können. Die Effizienz der Kampagnen-Performance lässt sich an Kennzahlen wie Return on Marketing Investment (ROMI) gut messen. Dennoch sollten die Marketingverantwortlichen diese Indikatoren stets im Blick behalten und bei Bedarf justieren, um die Zielgruppe auf Amazon effektiv anzusprechen. Das Vergütungsmodell von Amazon ähnelt dem von Google-AdWords-Anzeigen, da häufig mittels Cost-per-Click (CPC), also pro Klick bezahlt wird. Das heißt, obwohl die mit Amazon Advertising unterstützten Produkte den Online-Shoppern schon während der Produktsuche angezeigt werden, fallen die Kosten für den Vendor erst dann an, wenn der Shopper das Produkt anklickt und dementsprechend sein Interesse an einem bestimmten Artikel bestätigt. Der Klickpreis richtet sich nach der aktuellen Wettbewerbsintensität für bestimmte Keywords, nach denen gesucht wird, ähnlich wie bei Google AdWords.

Die ausschließliche Erhöhung der Produktsichtbarkeit und des Traffics ist dabei nur das richtige Ziel für Werbetreibende, solange die Conversion Rate nicht einbricht. Die Erhöhung des Traffics (Anzahl der Klicks) resultiert nicht automatisch in einer höheren Conversion Rate. Im Gegenteil: Je nachdem, wie passend die Keywords ausgewählt werden, wird mit zunehmendem Traffic in der Regel die Conversion Rate schlechter. Das bedeutet wiederum, dass sich die Umsatzsteigerung aus dem Produkt-Traffic x Conversion Rate ergibt und das eigentliche Ziel einer Investition in Amazon Advertising darstellt. Um dieses Ziel zu erreichen, sollte Amazon Advertising im Rahmen einer ganzheitlichen Amazon-Strategie eines Vendors detailliert geplant werden. Die Steigerung der Conversion Rate ergibt sich dabei aus den gut durchdachten Kampagnen (treffende Keywords, gute Kampagnenplatzierung und zielgerichtete Kampagnensteuerung zum richtigen Zeitpunkt) und einer optimierten Produktseite. Der Qualität des Contents auf der Produktdetailseite kommt dabei eine besondere Bedeutung zu: Aussagekräftige Produktbilder, ein gut formulierter Produkttitel, welche die entsprechenden Keywords enthält, sowie eine durchdachte Produktbeschreibung und gute Kundenrezensionen beeinflussen unmittelbar das Kundenkaufverhalten und sind oft dafür entscheidend, ob ein Produkt zum „Top-Seller" gekürt wird.

Während die Sparte „Amazon Advertising" im Jahr 2018 ca. 4 Prozent des gesamten Umsatzes von Amazon und damit ca. 8 Mrd. Euro weltweit erwirtschaftete (siehe Abb. 4 in Abschn. 2), ist dieser Bereich für die Zukunft von Amazon und den Erfolg von Vendoren von zentraler Bedeutung. Der Wettbewerb zwischen den Anbietern und der Kampf um die beste Platzierung werden immer intensiver. Dabei entsteht ein Dilemma: Amazon wird zunehmend Lieferanten gewinnen, welche das Umsatzpotenzial der Plattform ausschöpfen wollen. Je mehr Lieferanten ihre Produkte auf Amazon anbieten, desto schwieriger wird es, eine hohe Sichtbarkeit zu erreichen. Das spricht dafür, dass die Preise für Amazon Advertising von Jahr zu Jahr ansteigen werden und diejenigen Vendoren profitieren, welche sich frühzeitig eine hohe Sichtbarkeit auf Amazon sichern, bevor die Wettbewerbsintensität derart zunimmt, dass eine hohe Sichtbarkeit nur durch hohe Investitionen zu erreichen ist.

5   Amazon Prime

Kostenlose Lieferung am nächsten Tag gilt für Millionen von Amazon-Artikeln, darüber hinaus bietet Amazon Prime unbegrenzten Speicherplatz für eigene Bilder, während im Streaming-Angebot eine schier unendliche Auswahl an Filmen, Serien und Musik bereitgestellt wird. Zudem bietet Amazon Prime noch viele weitere Shopping-Vorteile wie die exklusive Verfügbarkeit von bestimmten „Prime Only"-Produkten. Diese Vorzüge kennen mittlerweile die meisten Amazon-Kunden, welche das wohl erfolgreichste Kundenbindungsprogramm in dieser Zeit namens Amazon Prime nutzen. Was Anfang der 2000er-Jahre zunächst als riskante Idee innerhalb des Amazon-Führungskreises schien (siehe dazu Abschn. 1), schockierte schnell sowohl interne Controller als auch Investoren von Amazon. Jeder dachte, aufgrund der kostenlosen Lieferung würde Amazon Prime zu Verlusten in der Amazon Retail Group führen. Zudem war die interne Logistik zum Launch-Zeitpunkt von Prime noch meilenweit davon entfernt, Prime-Bestellungen wenige Stunden nach Auftragseingang ausliefern zu können.

Doch hinter dieser Idee stand ein Mann, dessen Ideen (und deren Umsetzung) die Marke Amazon auf das Niveau, wo wir Amazon heute sehen, brachte – Jeff Bezos. Trotz des internen Widerstands und der allgegenwärtigen Angst vor „einer weiteren verrückten Idee" wollte Jeff Bezos mit dem Prime-Angebot sein Hauptziel erreichen: Kunden das beste Kauferlebnis und die höchste Bequemlichkeit sichern. Obwohl das Prime-Programm tatsächlich jahrelang nicht profitabel war, liebten Kunden die Prime-Vorteile vom ersten Tag an und die Zahl der Prime-Abonnenten wuchs noch deutlich schneller, als man dies bei Amazon intern prognostizierte. Das Geheimnis von Amazon an dieser Stelle ist einfach: Dadurch, dass Amazon Prime viele Vorteile für die gesamte Amazon-Organisation bringt (Kundenbindung, Werbeeinnahmen während des Video-Streamings, Neukundengewinnung etc.), wurde keine klassische Gewinn-und-Verlust-Rechnung speziell für Prime eingeführt. So wird in der Tat nicht gerechnet, wie gut oder schlecht die Bilanz von Amazon Prime im Vergleich zu den anderen Sparten von Amazon wie AWS oder Retail Services ist. Die

Anzahl der Prime-Abonnenten übersteigt heute die Marke von 100 Mio. Mitgliedern (siehe dazu auch Abb. 1 in Abschn. 1) und über 60 Prozent aller Amazon-Kunden in den USA sind Prime-Kunden (Sparwelt 2018). Prime ist ein Symbol der Marke „Amazon", die weltweit bekannt ist. Jedes Jahr schafft es Amazon durch Sonderaktionen, wie z. B. den Amazon Prime Day – einen Tag mit Tausenden von Blitz-Angeboten zu außerordentlich günstigen Preisen –, die Anzahl der Prime-Kunden weiter zu steigern. Während Amazon Prime beim Kunden immer beliebter wird, sieht auch die Profitabilität von diesem Angebot für Amazon attraktiv aus (siehe Abb. 10).

Zum offiziellen Start des Prime-Angebots im Jahr 2007 bot Prime nur einen Vorteil – einen schnellen und kostenlosen Versand. Wenige Jahre später kamen das Video- und Musik-Streaming, eine kostenlose Leihbibliothek für Kindle-Bücher und der Premiumzugang zu Blitzangeboten hinzu. Das Ziel von Jeff Bezos, der persönlich das Prime-Programm vor Skeptikern verteidigte, war es, Prime für Kunden so lukrativ zu machen, dass es nicht sinnvoll wäre, die Prime-Mitgliedschaft nicht zu abonnieren. Nachstehend analysieren wir im Detail die einzelnen Vor- und Nachteile des Prime-Angebots und deren Auswirkungen

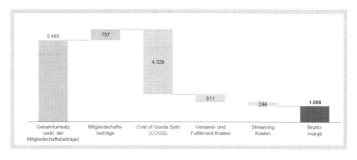

Abb. 10 Wirtschaftlichkeit von Amazon Prime. (Quelle: SRI International (Stanford Research Institute))

auf die Kundenbindung und die gesamte Plattformökonomie von Amazon.

Der bevorzugte schnelle und kostenlose Versand gilt allerdings nur für Artikel mit dem Prime-Logo, welche direkt von Amazon über das Vendor-Modell angeboten werden oder über den Amazon Marketplace mit der Zusatzoption FBA (Fulfillment by Amazon). Diese werden von Amazon im Rahmen des Vendor-Programms (siehe dazu Abschn. 1) ohne Beschränkung auf einen Mindestwert der Bestellung (von zum Beispiel 29 Euro) verkauft und versendet. Die Zustellung erfolgt in den meisten Fällen am nächsten Tag, sofern der Kunde nicht auf einer ausländischen Amazon-Plattform bestellt. Darüber hinaus gilt die spezielle Same-Day-Lieferung in ausgewählten Städten, wenn bis 12 Uhr mittags per „Evening-Express" bestellt wird. Eine Voraussetzung dafür ist der Mindestbestellwert von 20 Euro. Diese Art der Lieferung beschränkt sich jedoch aktuell auf 14 Metropolregionen in Deutschland und auf ca. eine Mio. Produkte. Dadurch werden die ländlichen Regionen derzeit benachteiligt. Amazon arbeitet jedoch massiv an der Ausweitung der unternehmensinternen Logistik-Kette. Amazon schaffte es dadurch sogar, die Same-Day-Lieferung noch schneller zu machen: Seit Mai 2016 können Prime Kunden in Berlin und in weiteren Ballungsgebieten ein derzeit noch beschränktes Sortiment in einem Zeitfenster von zwei Stunden zugestellt werden. Diese Option trägt den Namen „Prime Now". Für eine zusätzliche Gebühr von 7,99 Euro wird die Zustellung sogar innerhalb einer Stunde erfolgen. Aktuell ist die Option von Montag bis Samstag im Zeitraum von 8 bis 24 Uhr verfügbar, während der Mindestwert der Bestellung bei 15 Euro liegt.

Darüber hinaus kann ein Prime-Kunde eine weitere Person, die im Haushalt leben und mindestens 18 Jahre alt sein muss, einladen und ihr somit alle Prime-Vorteile zur kostenlosen Nutzung anbieten. Während das Prime-Logo ursprünglich nur für Artikel im Vendor Modell verfügbar war, können seit einiger Zeit auch Dritthändler im Rahmen einer zusätzlichen Kooperation (Fulfillment by Amazon (FBA), siehe dazu Abschn. 6) am Prime-Versand teilnehmen. Allerdings gibt es auch mehrere Ausnahmeregeln, nach denen bestimmte Artikel nicht Prime-fähig sein können: übergroße oder zu schwere Pakete (diese benötigen einen besonderen Liefer- und Speditionsdienst) sowie Artikel mit Sonderstatus (zum Beispiel Spar- oder Zeitschriften-Abos, personalisierte Geschenk-Karten, Artikel ohne Jugendfreigabe). Außerdem können Prime-Artikel nicht an Adressen außerhalb Deutschlands versendet werden.

Mittlerweile genießt Amazon Prime in US-amerikanischen Haushalten eine große Beliebtheit. Die Anzahl der US-Haushalte mit Amazon Prime (58 Prozent, siehe Abb. 11) übersteigt mittlerweile zum Beispiel die Anzahl der Haushalte, die im Jahr 2016 an den Präsidentenwahlen teilgenommen haben (55 Prozent). Die Anzahl der Haushalte, die Prime verwenden, überschreitet ebenfalls den Anteil der Haushalte mit einem höheren Einkommen (über

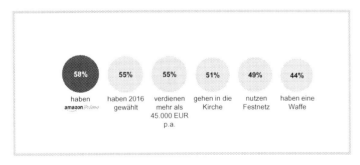

Abb. 11 Interessante Statistiken zu Amazon Prime aus dem Jahr 2016. (Quelle: FOSTEC & Company)

45.000 Euro p. a., 55 Prozent). Außerdem ist heutzutage
der Anteil der Haushalte, die in die Kirche gehen (51 Prozent), das Telefon-Festnetz nutzen (49 Prozent) oder eine
Waffe haben (44 Prozent) geringer als die Gesamtzahl der
Haushalte mit Prime.

   Beim Einkauf stehen Prime-Nutzern ebenfalls mehrere
Vorteile zur Verfügung: Sie können sich schon 30 Minuten
vor dem offiziellen Verkaufsstart gekennzeichnete Blitz-
Angebote, die in geringer Stückzahl und zeitlich begrenzt
verfügbar sind, zum besten Preis reservieren. Darüber hinaus können Prime-Abonnenten Haushaltsartikel des täglichen Bedarfs (haltbare Lebensmittel, Getränke, Haus-
haltswaren, Haustier-Bedarf) mit Amazon Pantry zu einem
Wunschtermin bestellen.

   Rund um Unterhaltung und Medien bietet Amazon seinen Prime-Kunden kostenlose Zusatzoptionen an. In der
Amazon-Video-Streaming-Bibliothek stehen Mitgliedern
über 13.000 Filme und Serien mit zahlreichen Blockbus-
tern, Klassikern und zunehmend Filmen aus Amazons Ei-
genproduktion zur Verfügung. Darüber hinaus gibt es mehr
als 25.000 Titel, die kostenpflichtig ausgeliehen oder ge-
kauft werden können. Das Video-Streaming funktioniert
dabei sowohl auf allen Amazon-Fire-Geräten als auch auf
Smart-TVs, Laptops, PCs, Tablets und Smartphones sowie
über viele Spielekonsolen. Hier tritt Amazon in direkte
Konkurrenz zu Video-Streaming-Diensten wie Netflix, das
Jeff Bezos persönlich als attraktiv erkannte und hierzu mit
Prime Video einen Wettbewerber etablieren wollte (siehe
Abschn. 1). Im Jahr 2015 wurde zusätzlich ein Offline-Mo-
dus für das Video-Streaming eingeführt: Damit ist es möglich, das gesamte Videoangebot auf iOS- und Android-Ge-
räten ohne Internetverbindung zu schauen. Ein Trick, um
Erlöse zu generieren, wird von Amazon angewandt, indem
spontan wechselnde Preise für Filme und Serien aufgerufen

werden: Oft entdecken Nutzer, dass ihre beliebten und bislang kostenlosen Video-Titel nun plötzlich kostenpflichtig sind. Dadurch, dass der Kunde schon auf ein bestimmtes Produkt „gelockt" wurde, ist die Bereitschaft, den neuen Preis für den gewünschten Film oder die Serie zu zahlen, in den meisten Fällen relativ hoch. Die Preise für Filme und Serien wechseln dabei immer wieder hin und her, während Titel zeitweise kostenpflichtig sein können. Um solche Überraschungen zu vermeiden, können Kunden einen Zugang zu Amazons Online-Videothek auch außerhalb des Prime-Angebots nutzen. Dafür fällt jedoch eine höhere monatliche Gebühr als die des Prime-Programms an. Seit Herbst 2015 wurde das Medien-Angebot in Prime durch Musik-Streaming erweitert: Das Streaming-Angebot umfasst aktuell mehr als 50 Mio. Lieder, und zwar auch in Form von Playlists ohne Werbung. Die Songs können nicht nur online, sondern auch offline und ohne Internetverbindung auf dem Smartphone oder Tablet angehört werden. Hier steht Amazon im Wettbewerb zu Diensten wie Spotify, Napster und Google Play Music.

Um Prime-Kunden mit unterschiedlichsten Interessen zu befriedigen, inkludieren die Prime-Vorteile auch einen kostenlosen Zugang zur Kindle-Leihbibliothek. So können Prime-Kunden ein E-Book aus mittlerweile über 500.000 Titeln im Monat kostenlos herunterladen. Obwohl viele Bücher wie Bestseller oder aktuelle Titel aus diversen Gründen in dieser Bibliothek nicht enthalten sind, findet dieses Angebot bei Prime-Kunden weltweit großen Anklang. Ein letzter, aber nicht ganz unbedeutender Vorteil von Prime ist eine unbegrenzte Speicherkapazität für Bilder für jeden Prime-Kunden. So kann auf alle Bilder von überall und von jedem Gerät zugegriffen werden und die Festplatte auf dem eigenen Rechner bleibt von einer Verstopfung durch das Bildmaterial verschont.

Offiziell immatrikulierte Studenten können außerdem im ersten Jahr ihrer Prime-Mitgliedschaft den schnellen Versand komplett kostenfrei genießen, wobei sie keinen Zugang zu den weiteren beschriebenen Vorteilen haben. In den nächsten Jahren und solange der Student noch an einer Hochschule bzw. Universität eingeschrieben ist, kostet ihn die Mitgliedschaft nur die Hälfte des regulären Preises. Letztendlich kann die Prime-Mitgliedschaft jederzeit per Mausklick beendet werden, ohne Formulare, Postversand und ähnliche bürokratische Hürden, die aus anderen Branchen wie Banken, Versicherungen, sonstigen Vereinsmitgliedschaften etc. bekannt sind.

Natürlich lohnt sich der Prime-Service nicht für jeden Kunden. Diejenigen, die oft auf Amazon einkaufen und darüber hinaus andere Streaming- und E-Book-Vorteile nutzen, sparen durch die Prime-Gebühr sicher mehr, als sie ggf. im Einzelfall zahlen würden. Andere Nutzer, die eher seltener Bestellungen über Amazon abschließen und kaum die Möglichkeit haben, Filme zu schauen oder Musik zu hören, würden von den Prime-Diensten vielleicht noch nicht profitieren.

Unabhängig davon beweist Amazon Prime vor allem, dass Amazon seinem Motto, alles für seine Kunden zu ihrem größten Vergnügen zu machen, immer treu bleibt und kurzfristige Gewinne den langfristigen Erfolgen unterstellt. Darüber hinaus ist Amazon Prime das beste Beispiel der etablierten Amazon-Plattform-Ökonomie, in der Synergien zwischen den einzelnen voneinander unabhängigen Sparten in höchstem Maße realisiert werden: Über Amazon Advertising bestellen Anbieter immer mehr Werbung, die während der Übertragung von Filmen, und Computerspielen angezeigt wird. Amazon Vendor und Marketplace steigern ihre Umsätze durch den beliebten schnellen Versand und Kindle-Geräte werden öfter verkauft, da man die einzelnen E-Books kostenfrei erhält und während des Lesens auf dem Kindle-Gerät noch Musik über Prime hören kann. Ein solches Modell setze bislang kein anderer Anbieter um, was erneut beweist, wie innovativ und disruptiv Amazon als Marke ist und dass es immer im Interesse seiner Kunden handelt.

6   Innovation Hub für weitere Disruptionen

Als letztes Glied der Diskussion über die Amazon-Plattform-Ökonomie versuchen wir zu erklären, wie die Entwicklung von neuen Geschäftsmodellen innerhalb der Amazon-Organisation umgesetzt ist. Für diese Zwecke kann das gesamte Spektrum der Amazon-Services in drei Bereiche eingeteilt werden (Abb. 12).

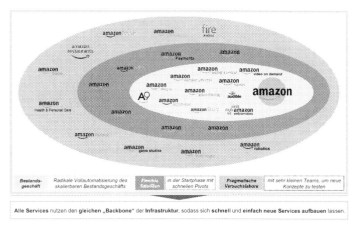

Abb. 12   Aufbau der Amazon-Plattform-Ökonomie. (Quelle: FOS-TEC & Company)

Der erste Bereich (innere Ellipse), sogenannter „Amazon Core", ist das Bestandsgeschäft, in dem sich die bereits etablierten Geschäftsmodelle aufzeigen lassen. Zu diesen gehören die schon bekannten Retail Services, Amazon Web Services (AWS), Amazon Advertising, Amazon Prime und weitere. Das Hauptmerkmal in diesem Segment ist die von Amazon angestrebte radikale Vollautomatisierung der skalierbaren Geschäftsmodelle. Das Ziel ist dabei, alle Prozesse so digital auszugestalten, dass der menschliche Einsatz weitgehend ausgeschlossen wird, um die personellen Ressourcen in den Bereichen einzusetzen, in denen das menschliche Know-how tatsächlich gebraucht wird. Das geht so weit, dass selbst die Einkäufer im Amazon-Vendor-Modell den automatisierten Prozessen weichen sollen. Im zweiten Bereich (mittlere Ellipse) werden sogenannte „flexible Satelliten" zusammengestellt. Hier sind Geschäftsideen zu finden, die oft noch keine Marktreife erreicht haben oder aktuell intensiv getestet werden. Oft sind diese Geschäftsmodelle noch nicht profitabel, wenngleich die Finanzkraft dieser Modelle aus langfristiger Perspektive vorausgesetzt wird, um diese Konzepte weiterzuentwickeln. Die Möglichkeit, diese Geschäftsmodelle schnell zu skalieren, ist ein weiteres Merkmal, das diese Modelle miteinander vereint. Dazu gehören unter anderem Amazon Studios – die eigene Film-Produktion von Amazon – oder Amazon Publishing, über das Autoren aus der ganzen Welt ihre Bücher direkt über Amazon publizieren können, ohne die Leistungen klassischer Verlage in Anspruch zu nehmen. Der dritte Bereich (äußere Ellipse), über den wir auch ausführlicher in diesem Abschnitt sprechen werden, kann als „pragmatisches Versuchslabor" angesehen werden. Hier findet die eigentliche Entwicklung neuer, radikaler und disruptiver Geschäftsmodelle statt, die im Wesentlichen Amazon zur innovativsten Marke der Welt macht. Einige der in Abb. 12 dargestellten Konzepte gelten als Beispiel dafür, dass nicht alle Ideen auch erfolgreich umgesetzt werden. Eines davon ist das Amazon Fire Phone, das als Konkurrenz zum Apple iPhone geplant war. Doch ging das Fire Phone als spektakulärer Misserfolg in die Amazon-Geschichte ein und endete schnell mit immensen Abschreibungen von 170 Mio. Euro (Handelsblatt 2017). Doch die Ausnahmen bestätigen nur die Regel: Durch solche experimentellen Entwicklungen bringt Amazon ständig neue Geschäftsmodelle auf den Markt und sichert sich nach wie vor die hohen Wachstumsraten. Wie sich diese Struktur bei Amazon entwickelte, beschreiben wir nachstehend.

Scheitern als Chance zu betrachten, ist ein Grundsatz der Unternehmenskultur bei Amazon. Auch wenn das Fire Phone scheiterte, sammelte das Projektteam unbezahlbare Erfahrungen unter anderem über die Hardware-Entwicklung. Für diese Bereitschaft platzierte das renommierte Magazin „Fast Company" Amazon auf den ersten Platz der innovativsten Marken weltweit (Robischon 2017). Die Haltung gegenüber den Fehlern in der Innovationsentwicklung spiegelt die Führungskultur bei Amazon wider: Scheitern ist für den Unternehmenserfolg von Amazon genauso relevant wie ausgeklügelte Pressemitteilungen oder die Bildung von Zwei-Pizza-Teams (siehe dazu auch Abschn. 15). Dem Unternehmensprinzip „Be right, a lot" folgend akzeptiert das Top-Management auf dem Weg zu neuen Ideen gewisse Fehler. Jeff Bezos selbst begleitete mehrere Projekte bei Amazon, die im Nachhinein scheiterten, wie zum Beispiel die Plattform „Z Shops", auf der Nutzer unter anderem Bücher kaufen und verkaufen konnten (ähnliches Modell wie eBay). Diese Plattform wurde um das Jahr 2000 eingeführt, um eBay Konkurrenz zu machen und eine eigene Amazon.com-Plattform für Drittanbieter[2] ins Leben zu rufen. Dies wurde als Marketplace bekannt (siehe Kap. 4.1).

Neben der Akzeptanz von bereits gemachten Fehlern gehört zur Innovationsförderung bei Amazon auch, Fehler zu provozieren, indem bestehende Annahmen und Geschäftsmodelle von Amazon stets hinterfragt werden, um sich selbst zu disrupten. Beruhigt sind die Manager bei Amazon erst dann, wenn die Hinterfragung ihrer Annahmen trotzdem zu dem Ergebnis führt, dass die Annahmen richtig waren. Nichtsdestotrotz ist das andere bekannte Prinzip von „Trial and Error" nicht im Fokus des Top-Managements bei Amazon. Die Mitarbeiter werden zwar dazu aufgefordert, groß zu denken, was eines der Erfolgsprinzipien von Amazon ist (siehe Abschn. 7), während jedoch gleichzeitig ein verantwortungsvoller Umgang mit Ressourcen auf allen Ebenen der Unternehmensführung, einschließlich des Innovation Hubs vorausgesetzt wird. Auch wenn Rückschläge manchmal unvermeidbar sind und hingenommen werden müssen, wird erwartet, dass sich die Verantwortlichen der Herausforderung stellen und niemals aufgeben.

Die bekannten Zwei-Pizza-Teams sind am Ende dieser Kette diejenigen, die die operative Umsetzung der neuen Ideen übernehmen und dafür die Verantwortung tragen. Aufgrund der Unternehmensgröße von Amazon kann man das Unternehmen nicht als Start-up, sondern eher als Konzern bezeichnen. Nichtsdestotrotz bringen solche Methoden wie die Zwei-Pizza-Teams die Start-up-Kultur mit sich, die notwendig ist, um neue Ideen zu verwirklichen. Da in vielen komplexen Projekten, wie der Entwicklung vernetzter Echo-Geräte oder der digitalen Sprachassistentin Alexa, gleichzeitig unterschiedliche Experten gebraucht werden, werden die Teams dementsprechend deutlich größer. Ge-

---

[2] Später als „Marketplace" bekannt (siehe dazu auch Abschn. 1).

koppelt mit weiteren organisatorischen Neuerungen wie zum Beispiel dem Verzicht auf PowerPoint-Präsentationen zugunsten von auf sechs Textseiten ausformulierten Beschreibungen einer neuen Geschäftsidee gibt das Amazon einen deutlichen Vorsprung bei der Geschwindigkeit der Ideenumsetzung und reduziert den bürokratischen Aufwand im Unternehmen bedeutend. Zwar sind die Teambildungsmethoden oder der oben beschriebene organisatorische Aufbau des Unternehmens keine Garantie dafür, dass die Ideen weiterhin innovativ und erfolgreich sind. Trotzdem geben sie den Mitarbeitern den notwendigen Ansporn, sich mit neuen Ideen zu befassen, und lösen die Bürokratiebremse, die in so vielen Unternehmen weltweit dazu beiträgt, dass gute Projekte gar nicht ausprobiert werden.

Bis zu diesem Punkt stellten wir die Amazon-Organisation samt ihrer Erfolgsprinzipien, ihres Werdegangs und ihrer Misserfolge ausführlich dar und diskutierten und analysierten sie. In einem nächsten Schritt werden wir uns mit maßgeblichen Auswirkungen von Amazon auf Branchen und Industrien sowie auf die Konsumenten selbst befassen. Denn um zu verstehen, was und warum Unternehmen von Amazon lernen können, sollten wir wissen, wie Amazon diese Industrien beeinflusst.

Literatur

factor-a Part of DEPT GmbH. (2019). Amazon Marketing Services (AMS). https://www.factor-a.de/amazon-marketing-services/. Zugegriffen am 31.05.2019.

Handelsblatt. (2017). Führungskultur: Wie Amazon innovativ bleibt. https://www.handelsblatt.com/unternehmen/handelkonsumgueter/fuehrungskultur-wie-amazon-innovativ-bleibt/20536474.html. Zugegriffen am 31.05.2019.

Hufford, J. (2018). Amazon statistics: Need to know numbers about Amazon. https://www.nchannel.com/blog/amazon-statistics/#AmazonStatsInfo. Zugegriffen am 14.08.2019.

ibi research. (2018). Online-Kaufverhalten im B2B-E-Commerce. https://www.google.com/url?sa=t&rct=j&q=&esrc=s&source=web&cd=1&ved=2ahUKEwiNh7e95PrgAhUMjqQK-HYjVAXEQFjAAegQIFBAC&url=https%3A%2F%2Fwww.ibi.de%2Fimages%2Fibi_research_Studie_B2B_E-Commerce%25202018_Management-Summary_Web.pdf&usg=AOvVaw27j7xkQ1AA4pymhS-7oFsO. Zugegriffen am 11.03.2019.

Robischon, N. (2017). Why Amazon is the world's most innovative company of 2017. https://www.facebook.com/FastCompany. https://www.fastcompany.com/3067455/why-amazon-is-the-worlds-most-innovative-company-of-2017. Zugegriffen am 31.05.2019.

Sparwelt. (2018). Lohnt sich die Amazon Prime-Mitgliedschaft für dich? https://www.sparwelt.de/magazin/life/amazon-prime-mitgliedschaft. Zugegriffen am 31.05.2019.

Statista. (2018). Wem die Wolken gehören. https://de.statista.com/infografik/13675/cloud-basierter-it-dienstleistungen-nach-weltweitem-marktanteil/. Zugegriffen am 14.10.2019.

Stone, B. (2014). *The everything store. Jeff Bezos and the age of Amazon*. New York: Little, Brown Book Group.

Teil II

Was Unternehmen von Amazon lernen können

Veränderung der Marktspielregeln durch Amazon

1 Wie Amazon das Kundenverhalten verändert

Acht von zehn Online-Shopper weltweit gaben in einer Studie von PricewaterhouseCoopers im Jahr 2018 an, dass ihr Einkaufsverhalten von Amazon beeinflusst wurde (Abb. 1). 41 Prozent der Befragten sagten, dass sich ihr Einkaufsverhalten durch die Amazon-Nutzung dahingehend veränderte, dass sie vermehrt Preise auf Amazon vergleichen. Darüber hinaus gaben 36 Prozent der befragten Online-Shopper an, dass sie ihre Produktsuche auf Amazon beginnen würden. Eine weitere Veränderung des Einkaufsverhaltens, so gaben es 33 Prozent der Befragten an, liegt im zunehmenden Lesen von Produktbewertungen auf Amazon.

Dass sich ihr Einkaufsverhalten dahingehend verschob, dass sie seltener im stationären Handel und/oder auf anderen Webseiten einkauften, gaben 27 bzw. 16 Prozent der Umfrageteilnehmer an. Dass sie nur noch auf Amazon einkauften, nannten 14 Prozent. Lediglich 20 Prozent der befragten Online-Shopper sagten aus, dass sich ihr Einkaufsverhalten durch die Amazon-Nutzung nicht geändert hätte.

© Springer Fachmedien Wiesbaden GmbH, ein Teil von Springer
Nature 2021
M. Fost, *Was würde Amazon tun?*,
https://doi.org/10.1007/978-3-658-14565-1_5

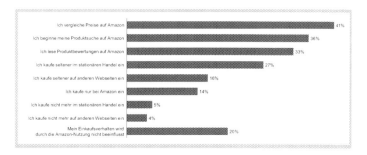

Abb. 1   Amazons Einfluss auf das Kundenverhalten. (Quelle: FOS-TEC Research in Anlehnung an PricewaterhouseCoopers 2018)

Amazon baut seine Marktposition als Produktsuchmaschine kontinuierlich aus, was mehrere Marktstudien beweisen: 55 Prozent der Kunden in den USA gaben 2016 an, dass
sie ihre Produktsuche direkt auf Amazon beginnen, ohne
eine andere Suchmaschine (Google, Bing) genutzt zu haben.
Dies sind schon 11 Prozent mehr als noch ein Jahr zuvor, als
„nur" 44 Prozent der Kunden dieser These zustimmten. Die
Suchmaschinen werden mittlerweile bei weniger als einem
Drittel der Internet-Shopper für die Produktsuche genutzt.
Die restlichen Online-Kanäle für Produktsuchen (Online-Shops von Marken und Händlern sowie andere E-Commerce-Plattformen neben Amazon) gewinnen 16 Prozent
der Internet-Nutzer. Das heißt, der Anteil der Online-Kanäle für Produktsuchen ohne Amazon an Produktrecher-
chen verzeichnet große Rückschritte, während Amazon seine
Dominanz weiter behauptet (siehe Abb. 2).
Die steigende Relevanz von Amazon wurde bei Google
bereits seit Jahren wahrgenommen. Eric Schmid, Googles
langjähriger CEO fasste noch im Jahre 2014 die Bedenken
seines Unternehmens so zusammen: „Many people think
our main competition is Bing or Yahoo. But, really, our biggest competition is Amazon" (BBC News 2014). Mittlerweile konnten Forscher auch in Deutschland nachweisen,

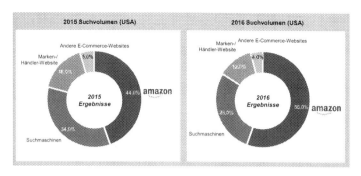

Abb. 2   Amazons Rolle bei der Internet-Produktsuche in den USA [%]. (Quelle: FOSTEC & Company auf Basis von Gartner L2 Market Research 2017)

dass Amazons Macht bei der Produktsuche stetig zunimmt. So steigt kontinuierlich der Anteil der Internet-Shopper an, die ohne vorherige Recherchen bei anderen Anbietern direkt bei Amazon.de kaufen: Waren es im Jahr 2013 noch 27 Prozent, sind es 2017 schon 30 Prozent. Wird dies auf Millionen der Website-Besucher umgerechnet, die diese Studie widerspiegelt, so stehen diese zusätzlichen 3 Prozent für Millionen weitere Bestellungen, die Amazon generierte (siehe Abb. 3).

Die oben beschriebenen Änderungen des Kundenverhaltens spiegeln sich in der steigenden Bestellhäufigkeit der Internet-Nutzer wider. So bestellten Amazon-Kunden im Jahr 2009 weltweit nur ca. 10 Mal pro Jahr (9,5 Bestellungen pro Nicht-Prime-Kunde und 10,7 Bestellungen bei Prime-Kunden, siehe Abb. 4). Nur acht Jahre später versechsfacht sich diese Zahl bei Prime-Mitgliedern und beläuft sich auf knapp 61 Bestellungen pro Jahr. Nicht-Prime-Kunden steigern ihre Bestellhäufigkeit auf das Vierfache oder auf 41,3 Einkäufe im Jahr. Wichtig ist, dass die Gesamtzahl der Prime-Mitglieder in Deutschland in dieser Zeit genauso stark anstieg, was somit einen doppelten Gewinn für den Online-Riesen aus Seattle bedeutete.

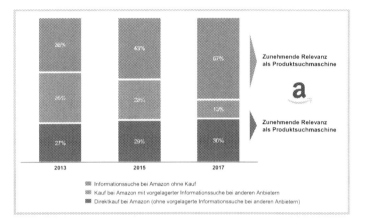

Abb. 3 Amazons Rolle bei der Internetproduktsuche in Deutschland [%]. (Quelle: FOSTEC & Company in Anlehnung an IFH Köln 2018)

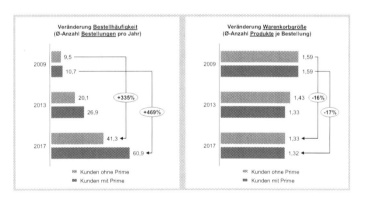

Abb. 4 Bestellhäufigkeit auf Amazon [Stk.]. (Quelle: FOSTEC & Company in Anlehnung an IFH Köln 2018)

Diese Zahlen beweisen: Amazon ändert massiv die Art und Weise, wie wir Produkte suchen, einkaufen und konsumieren. Ein wesentlicher Grund hierfür sind die Kundenvorteile (Produktsortiment, Preis, schnelle Lieferung), die Amazon in den letzten 25 Jahren aufgebaut hat und seither konsequent umsetzt. Das Wachstum von Amazon teilte unsere Welt in zwei Gruppen: Diejenigen, die von Amazon profitieren, und diejenigen, die durch den Amazon-Effekt Verluste verbuchen (oder aus dem Wirtschaftsleben ausscheiden). Der Amazon-Effekt wird vielerorts, vor allem in kleineren und mittelgroßen Städten, als Brandbeschleuniger des stationären Einzelhandels bezeichnet. In den nächsten Abschnitten betrachten und analysieren wir die beiden Hälften dieser Welt, wenngleich offensichtlich ist, dass diese „Hälften" ganz unterschiedlicher Größe sind.

2   Gewinner durch den Amazon-Effekt

Wahrscheinlich aus dem Grund, dass Amazon in den letzten 25 Jahren mehrere renommierte Unternehmen aus dem Markt verdrängte, wird in der Öffentlichkeit mehr über die Verlierer als über die Gewinner durch den Amazon-Effekt diskutiert. In diesem Kapitel schreiben wir über die zahlreichen Unternehmen, die jedoch von Amazons Aufstieg profitierten. Diese Unternehmen wuchsen dank der Popularität von Amazon und konnten so ihre eigenen Marken im Bereich E-Commerce aufbauen. Diese Unternehmen lassen sich vier unterschiedlichen Gruppen zuordnen (siehe Abb. 5).

Beginnen wir mit Start-up-Unternehmen, die es schafften, Produkte zu entwickeln, die einen speziellen Kundennutzen erfüllen. Diese Produkte vermarkten solche Unternehmen oft überwiegend direkt über Amazon. Sie profitieren von relativ geringen Markteintrittsbarrieren im E-Commerce und vor allem durch Amazon sowie von der Möglichkeit, ihre Produkte schnell auf den Markt zu bringen (Time to Market), und von dem schnellsten Market

Abb. 5 Gewinner durch den Amazon-Effekt. (Quelle: FOSTEC & Company)

Response im E-Commerce, den Amazon aufweist. Durch Amazon haben diese Unternehmen die Möglichkeit, die Nachfrage nach Produkten besser vorherzusagen, indem zum Beispiel Market-Intelligence-Daten von FOSTEC & Company verwendet werden, um Sortimentspotenziale zu eruieren. Auf diese Weise lassen sich neue Produkte identifizieren und mit einer sehr schnellen Market Response auf Amazon distribuieren.

Eines der ersten erfolgreichen Beispiele in Deutschland ist die Chal-Tec GmbH aus Berlin. Als global agierendes E-Commerce-Unternehmen kombiniert Chal-Tec die Handelskompetenz mit Innovationskraft in der Produktentwicklung. Chal-Tec ist ein Markeninkubator, der neue Marken entwickelt und diese mit einer kurzen Time to Market, also in hoher Geschwindigkeit, über Online-Vertriebskanäle wie Amazon einführt. Mit bereits mehr als 13 erfolgreich aufgebauten Marken zählt Chal-Tec zu den bekanntesten Unternehmen in dieser Nische.

Ein weiteres Erfolgsbeispiel ist die KAVAJ GmbH, die 2011 von Jörg Kundrath und Kai Clement – zwei ehemaligen Amazon-Mitarbeitern, die das E-Commerce-Potenzial ihrer Geschäftsidee früh erkannten – in Biberach gegründet wurde. Dieses Unternehmen spezialisierte sich auf hochwertige Ledertaschen für die gesamte Produktpalette von Apple und hält hier die marktführende Position. KAVAJ ist ein Online Pure Player, betreibt also ausschließlich E-Commerce-Kanäle. KAVAJ hatte anfangs großen nationalen Erfolg. Die Wettbewerbsintensität auf Amazon nahm in dieser Produktkategorie in den letzten Jahren jedoch derart zu, dass das Unternehmen 2019 verkauft wurde.

Ein drittes sehr erfolgreiches Beispiel in dieser Kategorie ist das schwäbische Unternehmen FUXTEC GmbH aus Herrenberg bei Stuttgart. Das Unternehmen vermarktet ein breites Sortiment an „Home & Garden"-Artikeln überwiegend über Online-Kanäle (ein Showroom wurde mittlerweile eröffnet). Erfolgreich wurde FUXTEC vor allem durch den rechtzeitigen Fokus auf Amazon, da Gartenwerkzeuge im Online-Bereich lange Zeit unterrepräsentiert waren. Diese Marktnische besetzt FUXTEC bereits seit dem Jahr 2012 und wächst dank des E-Commerce in diesem Marktsegment weiter.

Eine zweite Gruppe der „Amazon-Gewinner" sind Handelsunternehmen, welche in einem Nischenmarkt tätig sind und ihr gesamtes Produktsortiment über E-Commerce-Kanäle einem breiten Kundenkreis anbieten. Hier werden zwei Marken aufgeführt, die mit ihren auf Amazon und E-Commerce fokussierten Geschäftskonzepten Kunden überzeugten. Das norddeutsche Unternehmen Kreyenhop & Kluge (K & K) ist ein Beispiel. Das Familienunternehmen aus der Nähe von Bremen mit 80-jähriger Geschichte ist auf den Handel mit exotischen Lebensmitteln aus der ganzen Welt spezialisiert und vermarket diese aktiv auf Amazon. Zu den Kunden zählen sowohl B2C- als auch B2B-Märkte. Das Produktsortiment besteht aus mittlerweile über 2500 Artikeln im Food- und Non-Food-Bereich mit dem Fokus auf die Produktion aus asiatischen

Ländern (China, Indien, Thailand, Vietnam, Japan, Korea). K & K bietet das ganze Produktsortiment online und zählt zu den Hauptlieferanten asiatischer Restaurants in Deutschland.

EI Electronics ist ein weiteres Unternehmen, das auf Nischenmarktsegmente, wie zum Beispiel Rauch- und Gaswarnmelder, konzentriert ist. Die Marke mit 50 Jahre Erfahrung am Markt vermarktet eigenproduzierte Geräte zur Identifikation von Rauch und Gasen in Gebäuden. Deren primärer Distributionskanal war bei Gründung des Unternehmens Amazon. Der Vertrieb findet heute auch in weiteren Online- und Offline-Kanälen statt.

Nicht nur kleinere Unternehmen sind unter den Gewinnern von Amazon zu finden. Auch renommierte Markenhersteller, die frühzeitig das Potenzial von Amazon für sich erkannten, zählen dazu. Bosch Power Tools, ein weltweit führender Anbieter von Elektrowerkzeugen, Zubehör und Messtechnik, ist ein erstes Beispiel dafür. Die frühzeitige Zusammenarbeit mit Amazon sicherte Bosch Power Tools heute eine hervorragende Ausgangsposition mit hohen Marktanteilen. Dadurch profitierte das Unternehmen vom gesamten Marktwachstum auf Amazon und wurde bei noch deutlich mehr Kunden bekannt.

De Longhi, ein renommierter Hersteller von Kaffeemaschinen und Küchenkleingeräten aus Italien, ist ein weiterer Markenhersteller, der durch Amazon stark expandieren konnte. Eine gute Produktpräsentation des breiten Sortiments von De Longhi auf Amazon half dem Unternehmen, das eigene Markenimage auf Amazon aufzubauen und den Bekanntheitsgrad zu steigern. Heute zählt De Longhi zu den erfolgreichsten Unternehmen im Bereich Kaffeemaschinen und konkurriert erfolgreich mit den Schwergewichten der Branche, wie z. B. Miele, WMF, Phillips etc. Brands, die ihren Vertrieb auf Amazon erfolgreich aufbauten, setzen in der Regel 50 bis 100 Mio. Euro oder sogar mehr direkt, das heißt über das sogenannte Vendor Modell über die Amazon-Plattform in Europa um.

Die vierte Gruppe der Gewinner bilden zahlreiche Dienstleistungsunternehmen, die Hersteller dabei unterstützen, auf Amazon und anderen E-Commerce-Plattformen erfolgreich zu sein. Solche Unternehmen können die zentralen Gewinner des Amazon-Effekts genannt werden. Die factor-a GmbH aus Köln ist eine von der FOSTEC Ventures GmbH gegründete, auf Amazon spezialisierte Agentur. Mehr als 140 Amazon-Experten bei factor-a kümmern sich um die operative Umsetzung von Content, Marketing und Account Handling für Markenhersteller und Händler auf Amazon. Zu den Leistungen von factor-a zählen sowohl spezielle Software-as-a-Service-Leistungen als auch die Optimierung der gesamten Produktdarstellung eines Herstellers auf Amazon. Zudem erarbeitet factor-a Marketingstrategien auf Amazon und analysiert deren Performance. Die Sellics Marketplace Analytics GmbH aus Berlin mit Office in New York ist ein weiterer Dienstleister, der für Hersteller ein breites Leistungsspektrum von Amazon-Services, unterteilt in Leistungen für Marken (Vendoren) und Dritthändler (Seller), anbietet.

Zu den Gewinnern durch den Amazon-Effekt zählt auch die Logistikbranche, welche durch Amazon über die letzten Jahre einen signifikanten Wachstumsschub erhalten hat. Zudem hat sich auch das Servicelevel innerhalb der Logistik in den vergangenen Jahren verbessert. Amazon gilt als Treiber von Logistiklösungen für die letzte Meile. In den USA schreitet zudem die Dezentralisierung der Logistik voran. Amazon beschäftigt dort tausende Subunternehmer in einem Logistiknetzwerk, das vergleichbar mit Uber Selbstständige einsetzt, welche die Pakete ausliefern. Als weitere Gewinner, wenngleich wesentlich polarisierender betrachtet, können Anbieter unterschiedlicher Amazon-Kurse genannt werden, die ihren Kunden zeigen, wie diese Amazon für den schnellen Erfolg nutzen können. Diese können unter dem Begriff „Get Rich Quick" zusammengefasst werden und verbreiten ihre Werbung aktiv über Facebook. Beispiele für solche Unternehmen und Unternehmer sind Butrus Said, Private Label Journey etc. Allerdings können solche Anbieter kaum als seriös betrachtet werden. Um heutzutage auf Amazon erfolgreich zu sein, ist es neben profunden Amazon-Kenntnissen elementar, ein nachgefragtes Produkt mit hoher Sichtbarkeit auf dem Marktplatz zu positionieren und zu attraktiven Preisen anzubieten. Die Identifikation von Produktnischen ist daher ein analytischer und sehr quantitativer Prozess, welcher Markanalyse-Tools benötigt, wie z. B. die Market-Intelligence-Lösung von FOSTEC & Company.

3   Verlierer durch den Amazon-Effekt

Es gibt allerdings auch Unternehmen, die durch den Erfolg von Amazon ihre Marktposition verloren haben. Diese werden im Folgenden analysiert. Generell gehören zu den Verlierern alle Marktteilnehmer, bei denen für Käufer höhere Informationsasymmetrien herrschen, als es bei Amazon der Fall ist. Dementsprechend verloren die Unternehmen am meisten dort, wo die Intransparenz am höchsten war. Betrachtet man betroffene Marktsegmente in zeitlicher Perspektive, so lassen sich diverse Unternehmens-Cluster bilden (siehe Abb. 6).

Buchhandelsketten
In der Zeitachse begann die „Amazonisierung" des Handels in der Kategorie Bücher. Angesichts des unbeschränkten

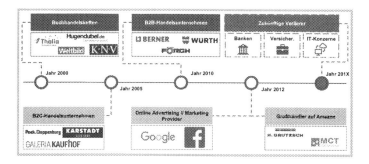

Abb. 6 Verlierer durch den Amazon-Effekt. (Quelle: FOSTEC & Company)

Sortiments, der Bequemlichkeit bei der Bestellung und Rücksendung sowie der hohen Preistransparenz wuchs der Buchhandel auf Amazon am schnellsten, nicht zuletzt da es auch die Kategorie war, mit der Jeff Bezos begann. Die Loyalität zum stationären Buchhandel nahm dagegen bei Konsumenten ab. Um sich gegen Amazon zu wehren, versuchten einzelne Buchhandelsketten, sich zu bündeln. Allerdings werden bei solchen Zusammenschlüssen oft keine ausreichenden Synergien und Erfolge realisiert. Der Grund dafür ist, dass die einzelnen Unternehmen auch nach einem solchen Zusammenschluss auf ihre Souveränität und Unabhängigkeit bestehen und der immensen Marktmacht von Amazon kaum etwas entgegenzusetzen haben.

B2C- und B2B-Händler

Als zweite und dritte Gruppe werden Handelsunternehmen betrachtet, die ab Mitte der 2000er-Jahre unter einen starken Einfluss von Amazons Wachstum gerieten. Hier kann man zwischen B2B- und B2C-Unternehmen unterscheiden. So wirtschafteten B2B-Handelsunternehmen lange Zeit in einem Marktumfeld, welches von einer hohen Preisintransparenz und geringer Produktvergleichbarkeit im stationär geprägten Multi-Channel-Handel geprägt war. Diese Situation erlaubte in der Vergangenheit hohe Handelsmargen, die zum Wachstum der Handelsunternehmen führten, wodurch eine umfassende Außendienstmannschaft finanzierbar war. Vergleichbar war die Entwicklung im B2C-Handel, wie zum Beispiel im „Home & Garden"-Bereich, in welchem historisch gesehen hohe Margen im Handel erwirtschaftet wurden. In der Kategorie Consumer Electronics hatten stationäre Handelsketten wie Euronics, Electronic Partner oder Media Saturn ebenfalls eine gute Marktposition, bevor die „Amazonisierung" des Handels zu einer schrittweisen Ablösung der vorgenannten stationären Ketten führte. Amazon führte hinsichtlich Kundenorientierung, Prozessqualität, Sortimentsbreite und Liefergeschwindigkeit einen völlig neuen Standard ein, an den sich die Kunden schnell gewöhnten. Infolgedessen mussten Unternehmen, die noch vor zehn Jahren Marktführer waren, weitreichend restrukturiert werden, wie das Beispiel von Media Markt Saturn deutlich macht (FOCUS 2019). Grundsätzlich lässt sich ein Zusammenhang beobachten: Je erfolgreicher eine Produktkategorie auf Amazon ist, desto schwieriger wird es in dieser Kategorie für den stationären Handel. So können hier außer den Kategorien Haushaltselektronik und Bücher auch Produktsegmente wie Home & Garden, Spielwaren, Sportartikel, DVD & Musik genannt werden. Hier beobachtet man außerdem eine weitere langfristige Wechselwirkung: Je geringer die Margen der stationären Handelsunternehmen, desto weniger Ressourcen sind vorhanden, um das Einkauferlebnis der Kunden aufrechtzuerhalten und an den aktuellen Zeitgeist anzupassen. Dieser Teufelskreis führt dazu, dass der stationäre Handel für Endkunden insgesamt unattraktiver wird, was als Brandbeschleuniger beim Aussterben der stationären Händler vor allem in kleinen bis mittelgroßen Städten führt. Betroffen sind hierbei in erster Linie Händler, die rein offline agieren oder keine ausgeklügelte E-Commerce- bzw. Multi-Channel-Strategie haben. Im Gegensatz dazu punktet Amazon mit schnellem und ausgezeichnetem Kundenservice, geringen Preisen und unbeschränkter Produktauswahl. Diese Convenience trifft den aktuellen Zeitgeist der Konsumenten sehr gut, da Amazon letztendlich eine Problemlösung für Kunden darstellt, die eine Zeitersparnis beim Einkaufen mit sich bringt.

Online-Advertising/Online-Marketing-Provider
Sind erfolgreiche Online-Unternehmen der GAFA-Ökonomie wie Google, Apple und Facebook vor Amazons Einfluss geschützt? Verlieren auch große Medienunternehmen und Online-Marketing-Provider im Kampf gegen Amazon? Die Realität zeigt, dass auch sie ihre Marktanteile im Bereich Online-Advertising und Marketing an Amazon zum Teil abgeben müssen. Durch den Ausbau der Advertising-Sparte hat Amazon beste Chancen, bald auch weltweit der größte Medienanbieter zu werden. Das kommt dadurch zustande, dass immer mehr Verkäufe direkt auf Amazon stattfinden und die Leistungen von Amazon im Bereich Online-Advertising und -Marketing am Markt an Bedeutung gewinnen. Außerdem verfügt Amazon über umfassende Kundendaten entlang der gesamten Customer Journey (Abb. 7).

Online-Giganten wie Google und Facebook unterstützen in der Customer-Journey lediglich die Suchphase und die Selektion und haben dadurch einen entscheidenden Nachteil bei den Daten. Da diese Online-Giganten ihre Marktmacht nicht ohne Kampf an Amazon abgeben werden, können wir uns in den nächsten Jahren auf einen massiven Wettbewerb innerhalb der GAFA-Ökonomie einstellen. Facebook hat mit dem Launch von Facebook Shops bereits einen Vorstoß unternommen, künftig auch die

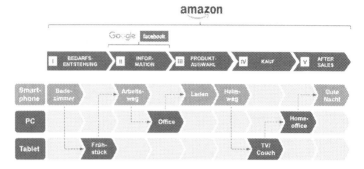

Abb. 7 Amazon beherrscht alle Phasen der Customer Journey. (Quelle: FOSTEC & Company)

Transaktionsphase innerhalb der Customer Journey abzubilden. Da es sich hierbei allesamt um Unternehmen der Plattformökonomie handelt, werden Kunden von kostenfreien bzw. kostengünstigen Services profitieren, da die Unternehmen zunächst Reichweite aufbauen müssen. Nachteilig wird es für neue Marktteilnehmer, die es durch die weiter zunehmende Dominanz noch schwerer haben, im Markt der GAFA-Unternehmen ein nachhaltiges Geschäftsmodell aufzubauen.

Künftige Verlierer innerhalb der Amazon-Ökonomie

Die vierte Gruppe beinhaltet Unternehmen, die von Amazon-Effekten zukünftig betroffen werden können. Dazu zählen unter anderem Banken, Versicherungen, Apotheken, große Pharma-Händler etc. In diesen Industriesegmenten sind die bekannten Voraussetzungen für den Erfolg von E-Commerce zu erkennen: Preisintransparenz, geringe Produktvergleichbarkeit, geringer Digitalisierungsgrad, geringe Convenience. Auch die Überzeugung der Branchen-Kenner in diesen Bereichen, dass Amazon in diesen Produktsegmenten nicht erfolgreich sein könne, ist eher ein

Warnzeichen dafür, dass diese Unternehmen auf den Einstieg Amazons nicht vorbereitet sind. Die kommenden Jahre werden zeigen, inwieweit Amazon auch diese Branchen revolutionieren kann.

Beispiele von Unternehmen, die aufgrund von Amazon Insolvenz anmelden mussten und vom Markt verschwanden

Nachfolgend werden mehrere bekannte Unternehmen aus den USA betrachtet, die unter dem Druck von E-Commerce und Amazon früher oder später feststellen mussten, dass ihr bisheriges Geschäftsmodell nicht mehr zukunftsweisend ist. Dabei wird diese Tatsache nicht als Kampf zwischen Amazon und diesen Unternehmen angesehen. Vielmehr legen wir den Fokus darauf, dass diese Unternehmen die Änderungen im Kundenverhalten und die Vorteile neuer digitaler Technologien nicht rechtzeitig erkannten und ihre Geschäftsmodelle nicht anpassten. Dazu kam die historisch gesehen größte Wirtschaftskrise in den Jahren 2007 bis 2009, während derer die Unternehmen kein Kapital mehr beschaffen konnten, um sich aus der Insolvenz zu retten. So bereinigte die Wirtschaftskrise unter anderem etablierte Unternehmen mit langjähriger Geschichte, welche kein nachhaltiges Geschäftsmodell aufweisen konnten.

Circuit City ist der erste berühmte Name in unseren Beispielen. Das Unternehmen war eine Weile der größte Elektronikhändler in den USA. Es wies einen Umsatz von über 12 Mrd. Euro auf und verfügte über 700 stationäre Ladengeschäfte. Es bestand auf seinem Produktsortiment mit hohen Margen und auf die provisionsbasierte Vergütung der Mitarbeiter. Demgegenüber boten große Offline-Ketten wie Best Buy, Walmart und Costco kleinere und günstigere Sortimente an und platzierten Consumer-Elektronik-

Sortimente in ihren Geschäften direkt neben den haushal-
tüblichen Produktkategorien. Circuit City reagierte genauso wenig auf den Aufstieg von Amazon und hatte selbst
keine nachhaltige Idee hinsichtlich einer Online-Strategie.
So verlor die Kette zentrale Touchpoints zu ihren Kunden.
Im Jahr 2009, als Circuit City kein Kapital für die Restrukturierung fand, meldete das 60-jährige Unternehmen Insolvenz an. 34.000 Mitarbeiter verloren daraufhin ihren Job.

Die nächste bekannte Marke, die ein ähnliches Schicksal
wie Circuit City erlebte, ist die Buchhandelskette Borders,
die im Jahr 1971 gegründet wurde. Zum Verkaufszeitpunkt
von Borders im Jahr 1992 an Kmart, eine der größten Handelsketten in den USA, betrug Borders Umsatz knapp
225 Mio. Euro. Im Jahr 2002 stieg der Umsatz schon auf
3,4 Mrd. Euro. Doch es offenbarten sich Nachteile der traditionellen Unternehmensphilosophie von Borders: Das
Top-Management fokussierte sich auf den Konkurrenten
Barnes & Nobles und eröffnete weitere große stationäre Läden in Einkaufszentren weltweit. Zu diesem Zeitpunkt
passten Online-Geschäftsmodelle, wie sie Amazon betrieb,
nicht zu ihrem Modell. Gebunden an langjährige Mietver-
träge für ihre Buchläden gepaart mit steigenden Online-
Umsätzen von Büchern sowie dem Launch von E-Book-
Readern wie dem Amazon Kindle konnte Borders seine
Kosten nicht schnell genug senken und meldete im Jahr
2011 Insolvenz an. Knapp 11.000 Mitarbeiter mussten infolgedessen freigesetzt werden.

Im Folgenden wird nicht mehr ein Unternehmen, sondern eine gesamte Industrie betrachtet, in der Amazon die
Spielregeln änderte – das Verlagswesen. Mit der Einführung
der Kindle-Produktfamilie (siehe auch Abschn. 1) änderte
Amazon die gesamte Wertschöpfungskette in der Buch-
branche. Wenn Amazon mit der ersten Generation des
Kindles eine neue Marktposition gewann, dann revolutio-

nierte die zweite Generation des Kindles die Art und Weise, wie Menschen in der ganzen Welt Bücher lesen sollten. Sehr schnell eroberte Amazon einen Marktanteil von 90 Prozent für digitale Bücher. Das ging selbstverständlich zu Lasten der großen Verlage weltweit, vor allem weil Amazon über den E-Book-Reader auch Flatrate-Angebote für den Content launchte. Die Buchindustrie hatte dabei keine Antwort auf Amazons Strategie: Die Preise waren sowohl für normale als auch digitale Bücher bei Amazon am günstigsten. Selbst in Ländern mit Buchpreisbindung wie Deutschland konnte Amazon aufgrund des breiten Sortiments, der hohen Verfügbarkeit und des guten Contents massiv Marktanteile gewinnen, ohne dass der Preisvorteil hierfür ein ausschlaggebender Grund war. Der Versuch der Verleger, Bücher nicht digitalisieren zu lassen, erzeugte eine große negative Resonanz von Lesern, sodass diese Maßnahme auf Druck der Konsumenten schnell eingestellt wurde. Die mögliche Kooperation mit Apple (über sein iPad und iBookstore) resultierte in einer kartellrechtlichen Auseinandersetzung, in der Apple und die fünf größten Buchverlage in den USA wegen Preisabsprachen und einer Erhöhung von digitalen Buchpreisen verurteilt wurden.

Zuletzt betrachten wir all die anderen Bereiche, in denen kleinere Marktteilnehmer im Zeitalter des E-Commerce ihren Platz unter der Sonne aufgeben mussten. Dazu gehören in erster Linie kleinere lokale Buchhändler sowie kleinere Geschäfte jeder Art, die als Konkurrenten mit Amazon nicht mehr wettbewerbsfähig waren, dem Kunden einen relevanten Nutzen zu bieten. Günstiger und schneller bedeutet zwar mehr Vergnügen für (Online-) Kunden, jedoch weniger Umsätze für die kleinen städtischen Läden.

Es wäre sicher nicht gerecht, Amazon für die strukturellen Änderungen im Handel und der Wirtschaft und für Ereignisse wie die Schließung städtischer Geschäfte oder auch größerer Unternehmen verantwortlich zu machen. Vielmehr gilt es zu verstehen, dass sich die Zeiten änderten und dies viele Marktteilnehmer nicht rechtzeitig erkannten. Amazon wirkte hier als Innovator – Disruptor und letztendlich als Brandbeschleuniger. Auf der anderen Seite bieten E-Commerce und Digitalisierung grenzenlose Chancen für neue Geschäftsmodelle und -ideen, wodurch neue Arbeitsplätze in einem innovativeren Umfeld entstehen.

Killer-Faktoren für eine künftige „Amazonisierung" des Geschäftsmodells

Die in Abb. 8 dargestellten Faktoren zeigen Bereiche auf, in denen Unternehmen gut aufgestellt sein müssen, um das Risiko der „Amazonisierung" ihres Geschäftsmodells im Rahmen zu halten.

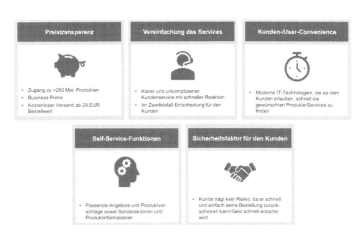

Abb. 8 Killer-Faktoren für eine künftige „Amazonisierung" des eigenen Geschäftsmodells. (Quelle: FOSTEC & Company)

Literatur

BBC News. (2014). Google: Amazon is biggest rival. https://www.bbc.com/news/technology-29609472. Zugegriffen am 05.04.2019.

FOCUS. (2019). Media-Markt-Saturn will Online-Geschäft verschlanken – Sanierung mit Brechstange. https://www.focus.de/finanzen/news/mutter-ceconomy-sanierung-mit-der-brechstange-media-satrurn-will-online-geschaeft-verschlanken_id_10636453.html. Zugegriffen am 27.06.2019.

Gartner L2 Market Research. (2017). Analysis of product search volume in the USA. https://www.l2inc.com/. Zugegriffen am 05.04.2019.

IFH Köln. (2018). Amazonisierung des Konsums. https://www.ifhkoeln.de/nc/downloadbereich/?L=1&tx_hmifhdownloads_registration%5Baction%5D=create&tx_hmifhdownloads_registration%5Bcontroller%5D=Registration&cHash=f7fa31442a895d31cf813ef26d3fab7a. Zugegriffen am 05.04.2019.

PricewaterhouseCoopers. (2018). Total Retail 2017. Wie Amazon das Kaufverhalten nachhaltig verändert. *Pricewaterhouse-Coopers GmbH Wirtschaftsprüfungsgesellschaft, Juli 2017*(Artikel-Nr. 38565-61478), 1–12.

Einfluss von Amazon auf Branchen und Industrien

1 Handel

1.1 Einzel-/Großhandel (B2B2C)

Die gesamte Handelslandschaft wurde durch Amazon revolutioniert (siehe dazu auch Abschn. 1). Unter dem Motto „Produktauswahl. Preis. Verfügbarkeit" und mit keinem Risiko für Endkunden (alle Bestellungen können problemlos aus Kulanz zurückgesendet werden) setzte Amazon neue Standards im Handel und gewann Kunden aus dem traditionellen Handel. Darüber hinaus wird die Produktberatung über Amazon mit zahlreichen Kundenbewertungen der Endkunden als viel ehrlicher wahrgenommen, als das im stationären Handel der Fall ist. Der Grund für die unterschiedliche Wahrnehmung der Produktberatung ist, dass ein Verkäufer im Ladengeschäft beim Verkauf eines Produkts an seinen eigenen Umsatzzielen interessiert ist. Im Gegensatz dazu stehen Amazon-Kunden unabhängige Produktrezensionen anderer Nutzer zur Verfügung, die im Vergleich zu einem Laden-Verkäufer deutlich objektiver sind. Obwohl das Problem mit gefälschten Produktbewertungen auf Amazon besteht, ist die gesamte Produktbewertung bei einer Anzahl von über 100 Rezensionen trotzdem in der Regel objektiv.

Es sei erwähnt, dass Amazon das Problem mit gefälschten Bewertungen kennt und gegen diese Bewertungs-Piraterie massiv vorgeht, um den Marktplatz für ein optimales Kundenerlebnis von gefälschten Produkt-Rezensionen weitgehend zu befreien. Außerdem wird die Produktvergleichbarkeit auf Amazon garantiert, weil Amazon den günstigsten Preis auf einer Produktdetailseite darstellt. Zudem können alle Produkte leicht nebeneinander verglichen werden, da das Content-Raster auf Produktgruppenebene standardisiert ist. Damit erreicht Amazon die höchsten Conversion Rates in der E-Commerce Branche und weist damit das beste Verhältnis zwischen Seitenbesuchern und Käufern auf. Dadurch erhalten Amazon-Kunden eine hohe Convenience, was zum Benchmark und Standard in der gesamten Industrie wird. Amazon revolutionierte die Wertschöpfungskette vom Hersteller zum Endkunden, reduzierte durch die gnadenlose Markttransparenz die Handelsmargen und schloss Handelsstufen zwischen dem Hersteller und dem Endkonsumenten aus dem Prozess aus (siehe Abb. 1).

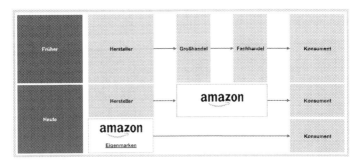

Abb. 1 „Amazonisierung" der Handelsstruktur. (Quelle: FOSTEC & Company)

Zu Beginn der 2000er-Jahre und davor arbeiteten die meisten Hersteller in Deutschland mit Amazon nicht direkt, sondern über einen Großhändler oder Broker zusammen. Im Laufe der Jahre vertikalisierten jedoch sehr viele Markenhersteller zur direkten Zusammenarbeit mit Amazon, um einerseits durch die direkte Geschäftsbeziehung aufgrund des Zugangs zu Content- und Marketingmaßnahmen ein wesentlich größeres Wachstumspotenzial auszunutzen, und um andererseits die Marge für beide Seiten (Hersteller und Amazon) zu optimieren. Die Großhändler, welche als Intermediäre zwischen Hersteller und Amazon eingesetzt wurden, sind die großen Verlierer in diesem Prozess. Großhändler werden inzwischen nahezu nur von den Herstellern eingesetzt, welche kein Logistikkonzept für den B2C-Endkundenversand bzw. den kleinteiligen Versand an die Amazon-Lager haben, wie das zum Beispiel bei Herstellern von Nahrungsmitteln oder FMCG-Artikeln zum Teil noch der Fall ist.

Die letzten 20 Jahre im Handel zeigten auf, dass nur die Unternehmen Überlebungschancen haben, welche klare Unique Selling Points (USP) gegenüber Amazon aufweisen konnten. Zu solchen Unternehmen zählen innovative Online-Pure-Player bzw. Sortimentsexperten mit einem angeschlossenen stationären Store, wie zum Beispiel Zalando, AboutYou, reuter.de, Musikhaus Thomann, all4golf etc. Als Deutschlands größter Online-Händler für Badprodukte erkannte Bernd Reuter von der Reuter Onlineshop GmbH, dass die Produktkategorie Bad & Sanitär auf Amazon unterrepräsentiert ist und die Beratungsleistung eines Fachhandwerkers bei Amazon nicht online oder telefonisch angeboten wird. So baute reuter.de im deutschen E-Commerce die eigene Marke auf und ist heute ein eigenkapitalstarkes Online-Unternehmen (mit zusätzlicher stationärer Präsenz), welches Jahr für Jahr zweistellige Wachstumsraten verzeichnen kann. Amazon ist vor allem bei Standardsortimenten, bei denen nahezu keine Beratung vor dem Kauf gebraucht wird, besonders stark. Im Gegensatz dazu ist die Position von Amazon bei beratungsintensiven Produkten wie zum Beispiel Musikinstrumenten, Bad & Sanitär, Möbeln, Akustik-Systemen etc. nicht so stark, da dort selten eine Kaufentscheidung ohne vorherige Beratung getroffen wird. Daher haben die vorgenannten Marktteilnehmer, welche sich auf bestimmte Marktsegmente fokussieren, aufgrund ihrer Beratungsqualität, der Services sowie durch gute Konfiguratoren Vorteile gegenüber Amazon. In den Branchen hingegen, wo keine Beratungsqualität erforderlich ist und es sich nur um eine Transaktion beim Warenkauf handelt, haben die meisten Wettbewerber gegen Amazon zu kämpfen.

Neben den oben beschriebenen Kundenvorteilen trägt Amazon maßgeblich zur Internationalisierung der Handelslandschaft bei, indem viele neue Anbieter aus Fernost den Marktzugang nach Europa über Amazon bekommen. Möglich ist dies vor allem durch die geringen Markteintrittsbarrieren auf Amazon, die nicht nur für europäische Händler gelten, sondern für Anbieter aus der ganzen Welt. Das stärkt insgesamt den Wettbewerb, führt zu einer noch größeren Produktauswahl und resultiert in Preisvorteilen für Endkunden.

1.2   Fashion

Noch im Jahr 2007 wandte sich Jeff Bezos mit den Worten an seine Kollegen, dass wenn Amazon ein 200-Milliarden-Dollar-Unternehmen werden möchte, es Lebensmittel und Klamotten verkaufen müsste (Welt.de). Elf Jahre später erreichte Amazon das damals angepeilte Umsatzziel (siehe dazu auch Abschn. 1), während die Modebranche mittlerweile mit etwas Panik beobachtet, wie Amazon seine Macht im Fashion-Segment ausweitet. Als zu unemotional und zu trocken, um Kunden für Mode-Artikel zu gewinnen, bezeichneten Branchenexperten am Anfang Amazon Fashion. Der Grund dafür ist, dass die Fashion-Industrie nicht im Fokus von Amazon stand. Amazon ist in erster Linie eine transaktionsorientierte Plattform. Das führte dazu, dass die Produktdarstellung vor allem bei Fashion-Artikeln zu nüchtern war, um Damen zum Shopping inspirieren zu können. Beginnend ab dem Jahr 2015 wurde Amazon Fashion schrittweise ausgebaut und die Produktdarstellung wesentlich verbessert. So stellt man heutzutage bei dem Besuch von Amazon Fashion fest, dass die Produktdarstellung im Fashion-Bereich mit anziehenden Modebildern ausgestaltet ist, während im Bereich der Hartwaren katalogartige Darstellungen des Sortiments nach wie vor im Vordergrund stehen (siehe Abb. 2). Mittlerweile ist Amazon Fashion der zweitgrößte Fashion-Händler in den USA (nach dem Kaufhaus Macy's) und der fünftgrößte Online-Modehändler in Deutschland (welt.de 2018; Internet World Business 2019).

Mit den Umbaumaßnahmen des Fashion-Bereichs verfolgte Amazon das Ziel, das Fashion-Angebot als Mode-

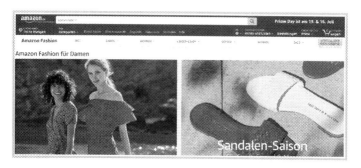

Abb. 2   Amazon-Fashion-Segment. (Quelle: Amazon)

Plattform sichtbarer zu machen. Obwohl das in einem Umsatzanstieg resultierte, generiert die Kategorie Fashion in Deutschland nach wie vor einen Anteil von ca. 4 Prozent an Amazons Gesamtumsatz im Jahr 2018 (Digital kompakt 2018, S. 15). Darüber hinaus traten erfolgreiche Plattformen wie Zalando und About You in den Wettbewerb der Modeszene ein, was die Konkurrenz zu Amazon verschärfte. An dieser Stelle sollte erwähnt werden, dass der Aufstieg anderer Online-Modehändler zum (großen) Teil auf die fehlende Aktivität von Amazon in diesem Bereich zurückzuführen ist. Dass sich Amazon aber von Konkurrenten langfristig überholen lässt, scheint eher unwahrscheinlich. Einige Marktstrategien von Amazon, um den Modemarkt für sich zu gewinnen, stellen wir kurz nachfolgend dar.

Private Label

Amazon wird nicht nur als Händler für andere Brands agieren, sondern auch selbstständig als Hersteller auftreten, ähnlich wie im Print-on-Demand (POD)-Buchdruck. Trotz der hohen Bekanntheit von Amazon als Marke folgt hier das US-amerikanische Unternehmen einer Private-Label-Strategie und produziert mittlerweile Modeartikel unter eigenen Marken wie Larks & Ro, Find, Truth & Fable oder Iris & Lilly. Die Modebranche kennt mittlerweile ca. acht Modebrands von Amazon, wobei niemand weiß, wie viele es insgesamt sind, da Amazon diese Informationen geheim hält (welt.de 2018). Um die eigenen Marken zu fördern, produziert Amazon gezielt die Artikel anderer Hersteller, die auf der Plattform gut verkauft werden. Dank der kompletten Datenverfügbarkeit über die Kunden trifft das US-Unternehmen präzise, datengetriebene Entscheidungen, um die richtigen Artikel herzustellen. Die dabei verfolgte Strategie ist es, dem Kunden qualitativ hochwertige, trendgesteuerte Mode im Preiseinstiegssegment anzubieten.

Um hier ein weiteres Potenzial auszuschöpfen, wird Amazon 3D-Drucker für die Modeproduktion anwenden. So werden Kunden die gewünschten Artikel direkt online konfigurieren und Amazon wird diese on-demand produzieren. Hohe Kundenzufriedenheit, geringe Retouren und optimale Auslastung der eigenen Anlagen – das sind die Wettbewerbsvorteile von Amazon gegenüber Fashion-Händlern und -Herstellern, welche diese Dimension an Leistungen nicht realisieren können.

Ganzheitliche Fashion-Präsenz
Amazon wird in der Öffentlichkeit oft als „Everything Store" oder „Supermarkt des Internets" wahrgenommen. Im Gegensatz dazu benötigt eine Fashion-Brand auch eine besondere Produktpräsentation und Kundenansprache, um die Zielgruppe zu verführen und zum Kaufen anzuregen. Am richtigen Image in der Mode-Branche arbeitet Amazon intensiv, sodass die Entwicklung von Amazon in mehreren Bereichen zu erkennen ist. Erstens wurde die Amazon-Fashion-Website in den letzten Jahren sichtbar verbessert. So präsentiert die Plattform mittlerweile ästhetische und stimmungsvolle Bilder statt bekannter Produktseiten im Katalogformat. Zweitens platziert Amazon bereits seit dem Jahr 2012 aktiv seine Werbung in Branchenmagazinen, arbeitet dafür mit prominenten Topmodels und wirbt über alle Offline- und Online-Werbungskanäle (Instagram, Blogs, Magazine etc.) hinweg. Drittens eröffnete Amazon im Jahr 2015 in London Europas größtes Fotostudio, in welchem pro Jahr über eine halbe Million Mode-Bilder geschossen werden, um eigene professionelle Bilder zu produzieren. Da viele Luxusmarken wie die LVMH Group, Burberry, Prada usw. ihre Produkte nicht auf Amazon anbieten wollen, da einerseits das Milieu der Cross-Selling-Angebote auf Amazon nicht ausschließlich markengerecht wäre, an-

dererseits aber wohl auch die streng regulierten, selektiven Distributionsmodelle durch einen Vertrieb über Amazon ausgehebelt werden würden, plant Amazon den Launch eines eigenen Shops für Luxusmode unter dem Projektnamen „VRSNL". Es ist davon auszugehen, dass Amazon damit auch die noch fehlenden Luxusmarken mittelfristig auf die Plattform holen wird.

Datengetriebenes Brand-Design

Wie eingangs angesprochen, sind Kundendaten Amazons großer Vorteil sowohl gegenüber Modehändlern als auch den Marken selbst. Die historischen Einkäufe, Wunschlisten, Kundenbewertungen, Retouren und Suchen – all das gibt Aufschluss darüber, was Millionen von Amazon-Kunden weltweit kaufen und suchen. All diese Daten werden verarbeitet und ausgewertet, um daraus wertvolle Informationen für Amazon Fashion und seine Private Labels zu generieren. Diese Informationen werden für die Entwicklung, Anpassung und Veränderung bestehender Artikel verwendet.

Kooperationen mit Hersteller-Brands

Um sich in der Fashion-Branche langfristig zu etablieren, treibt Amazon Kooperationen mit den bekanntesten Hersteller-Brands auf internationaler Ebene voran. Zu den aktuellen Partnern von Amazon Fashion gehören zum Beispiel Calvin Klein Jeans und Nicopanda, eine Marke des ehemaligen Kreativdirektors von Diesel Nicola Formichetti. So wurde die neueste Kollektion von Nicopanda auf der London Fashion Week in Amazons Fashion Fotostudio (siehe Abschnitt „Ganzheitliche Fashion-Präsenz" weiter oben) vorgestellt. Im Anschluss an die Fashion-Show wurden ausgewählte Modestücke direkt an Amazon-Prime-Kunden vermarktet. Um den Zusammenhang zwischen

Nicopanda und Amazon Fashion hervorzuheben, trugen die Models auf dem Laufsteg Postpakete auf den Schultern mit. Um den Amazon-Kunden ein ganzheitliches Produktangebot an sowohl preiswerten als auch Premium-Modeartikeln anzubieten, plant Amazon, im nächsten Schritt Kooperationen mit Luxusbrands einzugehen. Dadurch erreicht Amazon sein Hauptziel: ein möglichst breites Produktsortiment mit allen vorstellbaren Artikeln zu schaffen, um das beste Kundenerlebnis am Markt zu gewährleisten. Derzeit reagieren Luxusmarken jedoch noch verhalten hinsichtlich einer Kooperation mit Amazon.

VIP-Veranstaltungen

Bereits seit dem Jahr 2012 unterstützt Amazon weltweit diverse High Fashion Events. So sponserte Amazon die Met-Gala, die als „Oscar-Veranstaltung" der Modebranche angesehen wird. Während der Veranstaltung ließ Amazons CEO zahlreiche Bilder mit ihm und anderen prominenten Persönlichkeiten in der Fashion-Industrie wie Miuccia Prada und Anna Wintour machen. Die New York Men's Fashion Week sowie die Tokyo Fashion Week werden ebenfalls schon seit mehreren Jahren von Amazon unterstützt. Seit 2016 heißt das Event in Tokyo „Amazon Week Tokyo". Während Amazon aktuell auf solchen Veranstaltungen eher als Sponsor agiert, ist vorstellbar, dass Amazon auch eigene Fashion Events etabliert, um die Marke Amazon Fashion und seine eigenen Modekollektionen in der Öffentlichkeit in den Mittelpunkt zu stellen.

Fashion-Beratung und Alexa Fashion Skills

Alle üblichen Amazon-Vorteile für Kunden wie schnelle Lieferungen, einfache Retouren-Abwicklung und hohe Produktverfügbarkeit gelten selbstverständlich auch im Fashion-Bereich. Das Kundenvertrauen macht Amazon Fashion zu einem sehr bedeutenden Player in der Modeindustrie. Um die Modekategorie noch weiter zu unterstützen, bietet Amazon den Prime-Kunden in den USA die Lieferung von Modeartikeln am selben Tag und zusätzlich mit Prime Wardrobe die Möglichkeit, bis zu zehn Kleidungsstücke zur Anprobe nach Hause liefern zu lassen, ohne dafür vorab zu bezahlen (siehe Abb. 3).

Als weiterer Service bietet Amazon Alexa Echo-Geräte als Hardware. So nimmt Echo Look Bilder und Videos per Sprachbefehl auf, speichert sie in Outfit-Tagebüchern ab und liefert Kunden datengetriebene Modetipps über die Style-Check-Funktion. Dass viele Kunden gut aussehen und dabei wenig Mühe haben wollen, ist offensichtlich. Das spricht für hohe Chancen und breite Akzeptanz dieser Services beim Kunden und langfristige Perspektiven von Amazon Fashion in der Modeindustrie.

Insgesamt lässt sich schließen, dass trotz der oben aufgeführten Punkte der bisherige Einfluss von Amazon auf den

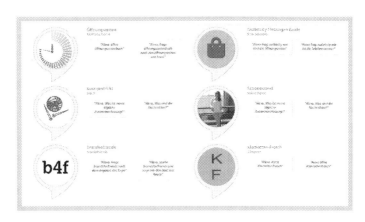

Abb. 3   Amazon Alexa Fashion Skills. (Quelle: https://www.amazon.de/s?i=alexa-skills&bbn=10536647031&rh=n%3A10068460031%2Cn%3A10536647031%2Cn%3A10536674031&dc&qid=1596109931&rnid=10536647031&ref=sr_nr_n_3. Zugegriffen am 30.07.2020)

Fashion-Handel vor allem in Deutschland relativ gering ist. Doch wie das Beispiel von den USA zeigt, hat Amazon klare Perspektiven, auch diesen Markt zu revolutionieren. Das hängt letztendlich von der Kundenentscheidung ab.

1.3 Pharma

Im Jahr 2017 begann Amazons Einstieg in den Pharma-Handel mit Testphasen und kleinen Kooperationen zwischen dem US-Konzern, Pharmaunternehmen und Apotheken. Stand heute lassen sich bereits Tausende von Produkten allein auf amazon.de unter dem Schlagwort „Medikamente" finden (siehe Abb. 4). Hierbei handelt es sich allerdings um nicht verschreibungspflichtige, sogenannte OTC[1]-Produkte. Welchen Einfluss hat das auf Arzneihändler, Produzenten und Konsumenten? Diesen Fragen gehen wir in diesem Abschnitt nach.

Der Einstieg von Amazon in den Medikamentenversand erfolgte ohne Pressemitteilungen und Marketingaktionen. Der Grund für diese gewünschte Unauffälligkeit von Amazon ist bekannt: Zusätzlich zu allen möglichen Kundenda-

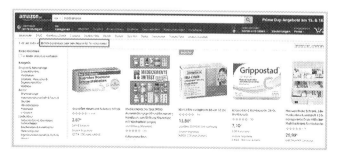

Abb. 4 Amazon-Angebot im Pharma-Bereich. (Quelle: Amazon)

---

[1] OTC = Over the counter.

ten, die das Online-Unternehmen ohnehin sammelt, werden nun noch auch alle arzneibezogenen Informationen der Kunden ausgewertet. Seine Pharma-Offensive in Deutschland begann Amazon im Jahr 2017 und ging eine Kooperation mit einer Münchner Apotheke ein. Über die Plattform konnten Amazon-Prime-Now-Kunden rezeptfreie Arzneimittel bestellen und diese innerhalb einer Stunde nach Hause geliefert bekommen. Der neue Service gewann genügend Kunden, weshalb er bereits heute überregional und nicht nur Prime-Now-Kunden zur Verfügung steht.

Nicht nur der Einzelhandel mit Medikamenten stand 2017 im Fokus von Amazon. So unauffällig wie der Start in Deutschland verlief, so unbemerkt gewann der Online-Konzern Lizenzen für Großhandelsaktivitäten mit Medikamenten in mehreren US-Bundesstaaten. US-amerikanische Medien sprechen mittlerweile von über zwölf US-Regionen, in denen Amazon die notwendigen Lizenzen für den Medikamentenvertrieb bekam (Deutsche Apotheken Zeitschrift 2017). Branchenexperten diskutieren dabei weitere Optionen von Amazon im Pharma-Bereich: Wird der Konzern auch in den Vertrieb von verschreibungspflichtigen Medikamenten einsteigen? Wird er in der Pharma-Branche Übernahmen durchführen? Sich mit anderen großen Playern zusammenschließen oder im Alleingang den Markt bestreiten und die eigenen Kapazitäten aufbauen? Kann Amazon Medikamente jeder Art selbst produzieren?

Über Amazons Strategien für den Einstieg in den Pharmamarkt kann man weiter diskutieren, während eines feststeht: Wird dieser Einstieg tatsächlich international zustande kommen, wird die gesamte Industrie auf immer verändert, was zu Lasten sowohl von großen Pharmavertriebskonzernen als auch von Apotheken gehen wird.

Online-Apotheken werden davon ebenfalls betroffen sein, denn Amazon kann durch Großbestellungen bei Arzneiherstellern geringe Preise durchsetzen, mit denen kleinere Anbieter nicht mithalten können. Wie würden die weltweit größten Pharma-Konzerne auf Amazons Einstieg reagieren? Alex Gorsky, CEO Johnson & Johnson (Top-3 Pharmakonzern der Welt), sagte über den Einstieg von Amazon in den Medikamenten-Vertrieb in den USA: „Wenn das eine Möglichkeit ist, den Vertrieb von Medikamenten effizienter zu gestalten und gleichzeitig die Sicherheit zu gewährleisten, dann wäre das positiv" (Health Relations 2018).

Wenn sogar große Pharma-Player diesen Schritt begrüßen würden, kann der flächendeckende Einstieg von Amazon in den Pharma-Vertrieb nur eine Frage der Zeit sein. Zu überwinden gilt es lediglich die Regulatorik. Logistisch ist Amazon bereits heute bestens für die Pharma-Branche gerüstet. Nicht nur das Thema Pricing von Medikamenten wäre dabei betroffen, sondern wahrscheinlich auch das Marketing von Arzneien. Da kein anderer Konzern so präzise Informationen über das Kaufverhalten und die Interessen der Kunden besitzt, wird auch das Arznei-Marketing sehr personalisiert erfolgen. Hier ist Amazon in seiner digitalen Entwicklung allen anderen Pharma-Unternehmen einen großen Schritt voraus. Vorboten, dass Amazon einen Markteintritt in die Pharma-Branche vollziehen wird, gibt es reichlich.

Mitte 2018 wurde der nächste Schritt von Amazon Richtung Pharma-Markt bekannt gegeben: Amazon übernahm die Online-Apotheke PillPack (Manager Magazin 2018), welche sich auf die Produktindividualisierung und den Versand von verschreibungspflichtigen Medikamenten in allen 50 US-Bundesstaaten spezialisiert hat. Doch beim Medikamentenvertrieb würde Amazon nicht aufhören. Denn als Arzneiproduzent darf der US-Konzern nicht unterschätzt werden. Bereits heute produziert Amazon in den USA unter der Eigenmarke Amazon Basics nicht verschreibungspflichtige Medikamente. Außerdem ist die Entwicklung von Alexa Skills im Zusammenhang mit dem Pharma-Markt zu berücksichtigen. Mit Alexa wird es Kunden ermöglicht, direkt über Alexa-Geräte Medikamente zu bestellen, und auch, sich über Arzneien zu informieren. Außerdem wird Alexa einen Medikamentenplan führen und Kunden daran erinnern, zu bestimmten Zeiten Tabletten einzunehmen. Vor diesem Hintergrund bleibt abzuwarten und zu sehen, wie stark Amazon die gesamte Pharma-Industrie revolutionieren kann.

1.4   Food

Der Name Amazon kam als Player in der Food-Branche erst Mitte 2017 vor, als die zu einigen Zeiten größte auf Biolebensmittel spezialisierte Supermarktkette Whole Foods Market von dem Online-Konzern übernommen wurde (t3n digital pioneers 2017). Amazon Fresh, ein Lieferdienst für schnellverderbliche Lebensmittel, wurde in den USA bereits vor ca. zehn Jahren eingeführt. Nichtsdestotrotz ist dieser Service bis heute in den USA nur in Ballungsräumen verfügbar und erlebt kein großes Wachstum. Seit dem Jahr 2019 verkauft Amazon Biolebensmittel unter der erworbenen Marke Whole Foods auch in Deutschland.

Trotz des aktuell noch limitierten Produktsortiments erwarten Branchenexperten von Amazon einen noch größeren Einstieg in den gesamten deutschen und europäischen Lebensmitteleinzelhandel, sodass weitere Übernahmen durch Amazon vorstellbar sind. Ernsthaft befürchtet wird eine Übernahme von Real, dessen Eigentümer Metro offen ankündigte, diese Sparte veräußern zu wollen. Aus Sicht von Amazon wäre Real allerdings nicht der optimale Kandidat: große Läden, Standorte am Stadtrand und massive Sanierungsstaus sprechen eher gegen diese Transaktion. Vielmehr wird in Deutschland über die Biomarktkette „denn's Biomarkt" gesprochen. Eine solche Übernahme würde mit Sicherheit eine massive Disruption in der umsatzstarken Lebensmittelbranche bedeuten. Solange diese aber noch nicht zustande kommt, besteht der größte bisherige Einfluss von Amazon auf die Food-Industrie im Online-Angebot von Amazon Fresh und den voll digitalisierten Geschäften von Amazon Go (siehe Abb. 5). Aktuell gibt es insgesamt etwa 25 Amazon-Go-Geschäfte (Frankfurter Allgemeine Zeitung 2020), geplant sind bis zum Jahresende 2021 ca. 3000 Geschäfte weltweit (Frankfurter Allgemeine Zeitung 2018). Diese disruptiven Konzepte werden nachfolgend diskutiert.

Obwohl der jetzige Online-Anteil vom gesamten Lebensmittelhandel bei lediglich ca. 2 Prozent von insgesamt 150 bis 200 Mrd. Euro liegt, sollte man die zukünftige Perspektive des Online-Markts für Lebensmittel nicht unterschätzen. Amazon Fresh gibt es inzwischen in mehreren deutschen Städten (Berlin, München, Hamburg, Potsdam).

Abb. 5   Werbekonzept für Amazon Go. (Quelle: Amazon.com)

Dieser Service samt der Whole-Foods-Übernahme, dem bereits bestehenden breiten Produktangebot an nicht schnell verderblichen Lebensmitteln auf der Amazon-Plattform und dem Amazon-Go-Konzept sollte klar auf die strategische Bedeutung des Lebensmittelgeschäfts bei Amazon hinweisen. Doch reagieren die großen Player in der Branche, unter anderem in Deutschland, relativ gelassen auf die disruptiven Initiativen des US-amerikanischen Unternehmens. Sie meinen, der Online-Food-Markt werde für immer eine Nische bleiben. Hier ähneln ihre Gedanken denen von traditionellen Buchhandelsketten und stationären Händlern über den E-Commerce sowie von IT-Konzernen, die hinsichtlich des Cloud-Computings skeptisch waren.

Das Hauptargument gegen die Entwicklung vom Online-Lebensmittelsupermarkt in Deutschland ist eine hohe flächendeckende Verfügbarkeit von stationären Supermärkten: Dank der knapp 11.000 Filialen erreichen 76 Prozent deutscher Haushalte innerhalb von fünf Fahrminuten einen Lebensmittelsupermarkt (e-tailment 2018). Andere Experten bemängeln den fehlenden Kundennutzen von Online-Supermärkten: Kunden wünschen sich keine Mindestbestellwerte, wollen für den Lieferdienst nichts bezahlen, dafür keine extra Prime-Mitgliedschaft abschließen, keine langen Lieferzeiten tolerieren müssen etc. Darüber hinaus sind das eingeschränkte Produktangebot, mangelnde Zuverlässigkeit bei der Lieferung und Unsicherheit in der Kühlkette weitere Gründe, die gegen das Wachstum des Online-Lebensmittelmarkts sprechen.

Auch wenn der stationäre Lebensmitteleinzelhandel vielleicht nicht als sehr umweltfreundlich angesehen wird (täglich fahren hunderte Kunden zu den Supermärkten, während diese mit Lkw beliefert werden müssen), bleibt der Vor-Ort Supermarkt für die meisten Konsumenten die einfachste Lösung. Für die Online-Anbieter ist der Food-Handel vor allem hinsichtlich der Logistik schwer, während die Gewinnerwirtschaftung eine weitere Herausforderung darstellt. Beim Thema Logistik ist nicht nur die Lagerwirtschaft entscheidend, sondern auch die „Last Mile"-Auslieferung zum Kunden. Eine effiziente Routenplanung ist an sich eine Herausforderung, die möglichen Diesel-Fahrverbote in deutschen Großstädten und der Lkw-Fahrermangel ist eine andere. Die angespannte Verkehrssituation in den meisten Großstädten stellt ein weiteres Problem für die Online-Supermärkte dar. Dazu kommt ein ganz wichtiger Punkt, den Amazon besser als jedes andere Unternehmen kennt, nur von der anderen Seite – Verdrängung vom Markt. Da der deutsche Lebensmittelmarkt zu 85 Prozent in den Händen von vier Anbietern (REWE, Aldi, Lidl, Edeka) liegt, wird die Durchdringung eines neuen Marktteilnehmers wie Amazon mit allen Mitteln zu stoppen versucht. Dies geschieht unter anderem über Absprachen mit Food-Herstellern, denen teilweise untersagt wird, Amazon mit Lebensmitteln zu beliefern (etailment 2018).

Doch Amazon löste in seiner Geschichte zahlreiche Herausforderungen auf seinem Weg zum Erfolg und würde sich mit Sicherheit von den oben beschriebenen Punkten nicht abschrecken lassen. Die Innovationskraft, die das US-Unternehmen besitzt, wird auch zur Revolutionierung im Food-Bereich genutzt. So können Alexa-Geräte Kunden helfen, passende Gerichte samt deren Rezepturen schnell und automatisiert zu finden. Danach bricht Alexa die ausgesuchten Rezepturen in einzelne Zutaten herunter, erstellt Einkaufslisten und bestellt die Lebensmittel in einem Gang. Über Amazon Fresh wird die Bestellung innerhalb weniger Stunden direkt nach Hause geliefert.

Somit wird der gesamte Prozess von der Mahlzeitauswahl bis hin zum Lebensmitteleinkauf erleichtert und beschleunigt, was den Kunden klare Vorteile bietet. Diesen Grad der Individualisierung wird kein anderes Unternehmen in der Lebensmittelbranche anbieten, was starke Marktvorteile für Amazon bringt. Durch die Synergien im gesamten Öko-system von Amazon und die wertvollen Kundendaten wird Amazon zu einem All-in-One-Anbieter, der seine Kunden bestmöglich bedienen wird. Dabei wird Amazon in entwi-ckelten Ländern von Food-Trends wie gesünderer Ernäh-rung, bewussterem Fleischkonsum und Biolebensmitteln profitieren.

Die Zeit wird zeigen, welche Richtung diese Reise neh-men wird. Aktuell steht fest: Der Lebensmittelhandel wurde bislang von Amazon analog zur Fashion- und Phar-ma-Branche nicht stark beeinflusst.

2   Produzierende Unternehmen (Non-Food)

Wenn man an den Einfluss von Amazon auf die Wirtschaft denkt, fokussieren sich die meisten Gedanken auf den Handel oder das Cloud-Computing. Die wenigsten Men-schen nehmen mittlerweile wahr, dass die Amazon-Effekte deutlich tiefer in die Wertschöpfungskette produzierender Unternehmen hineindringen. Nachfolgend analysieren wir im Detail die Wirkungen von Amazon auf Hersteller mit Fokus auf B2B- und B2C-Märkte.

2.1   Mit B2B-Fokus

Ein charakteristisches Merkmal von B2B-Märkten ist ein nach wie vor im Vergleich zum B2C-Markt geringerer E-Commerce-Anteil (siehe dazu auch Abschn. 2). Ursachen dafür sind unter anderem ein anderes Einkaufsverhalten von Unternehmen, kleine Produktsortimente im Online-Bereich und die geringe Preistransparenz. Die Hauptursache liegt jedoch darin, dass Unternehmen in der Regel über Desktop-Purchasing-Systeme direkt aus ihrem ERP-System bestellen. Darüber hinaus hängt der Online-Anteil in einem B2B-Markt stark vom Online-Maturitätsgrad der jeweiligen Branche ab. Dank dieser Faktoren könnten im B2B-Bereich bis dato hohe Margen realisiert werden, da der Markt von der Intransparenz lebt und Unternehmen häufig noch mit festen Lieferanten arbeiten.

Diese Situation ändert sich aktuell jedoch aufgrund der stetig steigenden Popularität von E-Commerce und Amazon. So wünschen sich mittlerweile acht von zehn Industrieeinkäufern alle Bequemlichkeiten, die sie als private Internet-Shopper im E-Commerce genießen, auch im B2B-Bereich (Hiskey 2018). 75 Prozent der Einkäufer erwarten, dass sie nur personalisierte und auf ihre Bedürfnisse speziell zugeschnittene Angebote von ihren Lieferanten erhalten. Über 66 Prozent erwarten die gleichen Kauferlebnisse, die Amazon seinen Privatkunden bietet. Über zwei Drittel aller Einkäufer wechselten ihre Lieferanten aufgrund der besseren Einkaufserlebnisse. Als Resultat versuchen produzierende Unternehmen, ihre gesamte Wertschöpfungskette dahingehend zu optimieren, dass unter anderem der gesamte Bestellprozess beschleunigt wird und dadurch Wettbewerbsvorteile gesichert werden (Wulfraat 2019). Die Struktur der Wertschöpfungskette im Bereich B2B-E-Commerce kann dabei aus zwei unterschiedlichen Perspektiven betrachtet werden: aus der Perspektive der Käufer oder der Verkäufer (siehe Abb. 6).

So lässt sich die Struktur der Wertschöpfungskette in fünf Phasen einteilen: Produktsuche und -auswahl, Kauf, Fulfillment und Service. Beginnen wir mit der Verkäuferperspektive. Die Kette beginnt mit dem Hochladen des ei-

Abb. 6 B2B E-Commerce-Wertschöpfungskette. (Quelle: FOSTEC & Company)

genen Produkt- und Serviceportfolios. Das Ziel ist eine möglichst hohe Online-Visibilität des eigenen Sortiments, um die Produkte auffindbar zu machen. Im nächsten Schritt sollen durch eine überzeugende Produkt- und Firmenpräsentation mit Kundenbewertungen und guten Bildern Leads generiert werden. Wenn es dem Hersteller gelingt, Kunden zum Produktkauf zu bewegen, sollen bequeme Zahlungsmöglichkeiten mit geringen Gebühren und schnellen Abwicklungsprozessen gewährleistet werden. Die erworbenen Produkte sollen je nach Kundenwunsch zum von ihm gewünschten Zeitpunkt und zu möglichst geringen Kosten an die vorgegebenen Orte zugestellt werden. Anschließend soll ein professionelles und proaktives Kundenmanagement zwecks Kontaktpflege und Business Development folgen.

Nun betrachten wir den gesamten Prozess aus Käufersicht. Im ersten Schritt „Produktsuche" sucht der Käufer anhand seiner Spezifikationen nach dem gewünschten Produkt. Bei der Produktauswahl benötigt er vor allem die Transparenz über die vorausgewählten Produkte, Services und deren Qualität. Anhand dieser Informationen soll die Produktvergleichbarkeit ermöglicht werden. Eine besondere Rolle bei der Produktauswahl spielt die Preistransparenz. Beim Kauf des Produkts soll der Käufer zwischen mehreren Zahlungsmethoden und bei Bedarf Finanzierungsmöglichkeiten wählen können. Hier sind effiziente Finanztransaktionen mit einem sicheren Rechtemanagement von großer Bedeutung. Im nächsten Schritt „Fulfillment" erwartet der Kunde effiziente Lieferprozesse hinsichtlich Kosten, Zeit und gewünschtem Zielort. Anschließend soll dem Kunden ein schneller und zielorientierter Support für erworbene Produkte und Services gewährleistet werden. Darüber hinaus wollen Einkäufer alle Produkte auf einer Plattform finden und bestellen können. Außerdem soll die Verfolgung der Lieferung bis zur finalen Zustellung ermöglicht werden.

Dabei sollten Hersteller nicht nur die oben aufgeführten Kundenwünsche erfüllen, sondern vielmehr auch überlegen, wie sie neben dem eigentlichen Produkt zusätzliche Mehrwerte für Kunden generieren können. Um diese Erwartungen zu erfüllen, testen Hersteller aktuell neue Produktionsmodelle, wie zum Beispiel make-to-individual, engineer-to-order, configure-to-order und assemble-to-order, die als Kern die personalisierte industrielle Fertigung beinhalten. Der Druck der Kunden in Richtung kürzerer Produktions- und Lieferzeiten hat massive Auswirkungen auf das strategische Management produzierender Unternehmen. Statt der angenehmen zehn bis 15 Tage Lieferzeit verlangen Kunden heutzutage ein bis drei Tage ohne Unterscheidung zwischen den Produktgruppen nach A-B-C-

Klassifizierung. Eine C-Ware sollte dem Kunden genauso schnell zugestellt werden wie eine A-Ware. Diese Erwartungshaltung wurde letztendlich durch das Servicelevel und die Liefergeschwindigkeit von Amazon im E-Commerce im B2C-Umfeld geschaffen.

2.2   Mit B2C-Fokus

Im Gegensatz zum B2B-Markt kennt die B2C-Branche mittlerweile seit mehr als 20 Jahren Amazon und seinen Einfluss auf das Kaufverhalten von Kunden. Dank der ausgereiften Online-Distribution und anderer Vorteile im Online-Bereich (Produktauswahl, Preistransparenz, Liefergeschwindigkeit) erfolgte ein starkes Wachstum des E-Commerce und vor allem von Amazon im B2C-Bereich. Durch den Einfluss von Amazons Wachstum änderten sich im Laufe der letzten zwei Dekaden die Marktbedingungen für produzierende Unternehmen und Markenhersteller mit Fokus auf B2C-Kunden. Welche Einflüsse auf solche Unternehmen Amazon hatte, analysieren wir in diesem Abschnitt.

Gesunkene Entscheidungsmacht von Herstellern über ihre Vertriebskanäle
In der Epoche vor Amazon genossen Markenhersteller die Situation, dass sie relativ viel Macht über die Vertriebskanäle ihrer Produkte hatten. So konnten Hersteller zwischen Vertriebspartnern und Händlern – konform zu kartellrechtlichen Bestimmungen – entscheiden, in welchen Geschäften ihre Produktion verkauft werden sollte. Das war vor allem für Premium-Brands relevant, um ein besonderes Image ihrer Marken zu schützen. Diese Situation änderte sich mit dem Aufstieg von Amazon und dem E-

Commerce insgesamt. Heutzutage sind große Marken freiwillig oder unfreiwillig auf Amazon präsent. Die Entscheidungsgewalt darüber haben produzierende Unternehmen häufig nicht mehr.

Auf der anderen Seite erwarten Kunden immer ein gutes Erlebnis, wenn sie nach einer bestimmten Marke auf Amazon suchen, unabhängig davon, ob der Hersteller mit Amazon zusammenarbeitet oder nicht. Daher kann ein Kundenerlebnis von einer Marke nur dann gestaltet werden, wenn Markenhersteller ihre Aktivitäten auf Amazon professionell durchführen und mit Amazon kooperieren. Dadurch sinkt die Bedeutung von oft praktizierten, selektiven Distributionsstrategien vieler Hersteller, nach denen Händler bestimmte Qualitätskriterien zu erfüllen haben, damit sie das Produktsortiment einer Marke vertreiben dürfen. Solche Strategien sind lediglich dann sinnvoll, wenn Hersteller Kontrolle über den gesamten Vertrieb ihrer Produktion online und offline haben. Aufgrund der Größe von Amazon und einer Vielzahl von Händlern am Markt ging jedoch die Entscheidungsgewalt von Herstellern zurück. So konnte man am Beispiel des Rückzugs der Marke Birkenstock (Schuhhersteller) aus Amazon sehen, dass die Artikel des Unternehmens weiterhin in großer Menge auf der Plattform von Dritthändlern (jedoch nicht von Amazon selbst) angeboten wurden (t3n digital pioneers 2016).

Bereits in den 1990er-Jahren kämpften zum Beispiel manche Elektronik-Premiummarken mit Elektrohändlern. Als Antwort auf Vertriebsverbote der Hersteller organisierten die Einkäufer der betroffenen Elektrohändler Reimporte verbotener Artikel aus benachbarten Ländern und verkauften diese wieder in großflächigen Elektrogeschäften. Um das Black-Listing ihrer Re-Importeure in der gesamten Kette zu verhindern, wurden mehrere Zwischenstufen eingeschaltet. Als Resultat konnten die betroffenen Hersteller langfristig kaum etwas dagegen machen. Diese sogenannte Cross-Border-Problematik ist im gesamten europäischen Handel weit verbreitet und verursacht bei Markenherstellern Profitabilitätserosionen in Milliardenhöhe.

Erlernen neuer Spielregeln in den Vertriebsvereinbarungen mit Amazon

Mitte der 2000er-Jahre hatte Amazon beschränkte Möglichkeiten, Markenhersteller als Lieferanten für die eigene Plattform zu gewinnen. Hersteller versuchten in diesem Jahrzehnt, den Fachhandel vor dem Online-Handel zu schützen, und waren dahingehend sehr restriktiv, was die Belieferung von Online-Kanälen anging. In dieser Zeit versuchte Amazon mit allen Mitteln, das eigene Sortiment zu erweitern, und kaufte die Produktion der Hersteller für nahezu jeden Preis ein. Amazon war der einzige Kunde weltweit, welcher das gesamte Sortiment auf Lager nahm, um dem von Jeff Bezos gesetzten Primärziel, seinen Kunden das breiteste Sortiment anbieten zu können, entsprechend näher zu kommen. Die Hersteller genossen dadurch eine entspannte Position in den Verhandlungen mit Amazon, da die Verhandlung von günstigen Einkaufskonditionen damals nicht das Hauptziel von Amazon war, und verbuchten schnell wachsende Umsätze mit dem neuen Online-Partner. Je größer der Marktanteil von Amazon wurde, desto schneller änderten sich die Bedingungen für die Hersteller. Die Wettbewerbsintensität auf Amazon nahm ab dem Jahr 2014 deutlich zu. Seither haben Markenhersteller verstanden, dass Amazon für viele der am schnellsten wachsende Absatzkanal ist. Inzwischen kämpfen Marken um ihre Sichtbarkeit auf Amazon und sind dazu aufgefordert, auch Zugeständnisse in Form von geringeren Preisen und besseren Einkaufsbedingungen für Amazon zu machen. Als Ge-

genleistung erwarten Unternehmen, dass Amazon bei ihren Anliegen wie zum Beispiel beim Angebot gefälschter Ware über die Plattform (wie im Falle von Birkenstock (welt.de 2017)) schnell klärt und löst. Doch in der Realität erhalten Hersteller in solchen Fällen kaum Unterstützung und auch keine schnelle Reaktion seitens Amazon.

Obwohl Amazon jegliche Produktfälschungen und nicht glaubwürdige Anbieter auf seiner Plattform verfolgt und ihnen sehr schnell die Verkaufsberechtigung entzieht, nimmt die Anzahl dieser Fälle insgesamt weiter zu. Auf die Anforderung der Hersteller, zusätzliche selektive Distributionskriterien für Händler einzuführen, um Fälschungen auszuschließen, geht Amazon selten ein. Außerdem zeigt Amazon in seinen Meldungen zu Urheberrechtsverletzungen, dass sich das US-Unternehmen in die Einhaltung exklusiver Distributionskriterien nicht einmischen kann (Amazon 2019). Nichtsdestotrotz melden manche Branchenexperten, dass Amazon trotz seiner Nichteinmischungspolitik von Händlern nachweisbare Erlaubnisse und Autorisierung für den Vertrieb bestimmter Markenartikel verlangt (t3n digital pioneers 2016). Dafür werden zum Teil von Amazon zusätzliche Gebühren erhoben.

Während Marken wie Birkenstock aufgrund der Nichteinhaltung ihrer Vertriebsphilosophie Amazon meiden, signalisieren andere Hersteller wie Fossil, dass ihre selektiven Distributionskriterien von Amazon eingehalten werden, und gehen deshalb Kooperationen mit Amazon ein. Wie auch andere Nachrichtendienste meldeten, erlaubte Amazon den Vertrieb von Fossil-Artikeln nur speziell autorisierten Händlern (onlinehändler news 2016). Dies widerspricht den offiziell geltenden Meldungen von Amazon, nach denen eine solche Einmischung durch Amazon im Übrigen auch kartellrechtlich kaum zulässig ist.

Amazon erwartet den Verkauf des Vollsortiments von Herstellern

Wie der oben beschriebene Fall mit Fossil zeigt, verfügt Amazon über die Möglichkeit, Markenprodukte vor dem Verkauf durch unautorisierte Händler zu schützen. Allerdings ist diese Aktivität von Amazon erst dann zu erwarten, wenn das volle Produktsortiment eines Markenherstellers für den Verkauf auf Amazon zur Verfügung gestellt wird. Ein möglichst breites und tiefes Produktangebot von Amazon war bereits seit Amazons Gründung im Jahr 1994 der strategische Vorteil im Wettbewerb mit anderen Handelsunternehmen. Aus diesem Grund ist nachvollziehbar, warum Amazon genau diese Form und Intensität der Zusammenarbeit mit Herstellern anstrebt.

Die andere Seite dieser Medaille ist die Frage, wer die Autorisierungsmaßnahmen der Händler durchführen und die Kosten dafür tragen soll. Das kann von mehreren Faktoren abhängig sein, wie zum Beispiel davon, ob zwischen dem Markenhersteller und Amazon gewisse Kostenübernahmen für die Autorisierung der Händler (Verkaufsstart und fortlaufende Prüfung) abgestimmt werden. Ein anderer Faktor kann die Größe und Marktposition des Markenherstellers bzw. des Händlers auf Amazon und am Markt sein. Ein dritter Faktor kann die Bereitschaft des Herstellers sein, Amazon in den Jahresverhandlungen gewisse Zugeständnisse zu machen. Ganz unabhängig von diesen Faktoren ist eines wichtig: Hersteller und Händler geraten in die Abhängigkeit von Amazon, unabhängig davon, ob sie mit Amazon zusammenarbeiten oder nicht. Durch die aktuelle Marktmacht von Amazon besteht die Abhängigkeit schon darin, dass Amazon existiert und an Amazon im Bereich E-Commerce kein Weg vorbeiführt. Darüber hinaus lassen sich die Schlussfolgerungen aus dem vorangegangenen Abschn. 2.1 und die Auswirkungen von Amazon auf die

Wertschöpfungskette produzierender Unternehmen weitgehend auch auf den B2C-Markt übertragen.

3   Dienstleistungen

3.1   Versicherungen

Gerüchte über den Eintritt von Amazon in den Versicherungsmarkt begannen mit einer Stellenanzeige: Amazon suchte Versicherungsspezialisten für den Standort London mit diversen Sprachkenntnissen, darunter Französisch, Spanisch und Deutsch (WirtschaftsWoche 2018). Da keine Details in den Stellenausschreibungen aufgeführt wurden, erweckte die Anzeige den Eindruck, dass Amazon eine Offensive in europäische Versicherungsmärkte vorbereitet. Noch im Jahr 2017 kündigte Amazons Gründer an, eine gemeinsame Krankenversicherung zusammen mit der größten US-amerikanischen Bank JP Morgan und der Investmentgesellschaft Berkshire Hathaway des US-Investors Warren Buffet zu gründen. Das Ziel dieser Unternehmung namens „Haven" sei nur die Versicherung für eigene Mitarbeiter der drei Unternehmen, um die Versicherungskosten für die beteiligten Unternehmen zu senken. Da die Gesundheitskosten in den USA weltweit die höchsten sind, sollte die neue Geschäftsidee in erster Linie nur internen Zwecken dienen. Dass durch dieses gemeinsame Unternehmen Amazon wichtige Erfahrungen im Versicherungsmarkt sammelt, um eventuell anschließend eigene Angebote auf den Markt zu bringen, ist plausibel und für die Zukunft realistisch.

Da Amazon bereits mehrere Industrien erfolgreich für sich revolutionierte, sorgen Amazons Schritte Richtung Versicherungsbranche für berechtigte Unruhen am Versicherungsmarkt. Bereits heute bietet Amazon unter dem Label Amazon Protect die Möglichkeit, die auf Amazon gekauften Produkte, wie zum Beispiel Laptops, Waschmaschinen, Handys etc. gegen Diebstahl, Defekte oder Beschädigungen abzusichern. Dafür ging Amazon eine Kooperation mit dem britischen Unternehmen London General Insurance Company ein. Davor bat Amazon Produkte des deutschen Versicherers Ergo an.

Durch die Umstellung auf das Londoner Unternehmen verdoppelte sich der Preis für manche Versicherungsangebote, wie etwa bei Laptops und Handys, wo Amazon jeweils einen Drei-Jahres-Schutz und einen einjährigen Geräteschutz bietet. Allerdings bieten auch Unternehmen wie Media Markt und Saturn ähnliche Versicherungsprodukte und Garantieerweiterungen beim Kauf von Elektronikgeräten in ihren Geschäften an. Solche Produkte sind am Markt generell nicht stark nachgefragt: Hohe Prämien und Risiken für beide Seiten (den Versicherer und den Versicherten) sowie einige Probleme mit dem Versicherungsschutz bei Diebstahl oder Ähnlichem machen solche Versicherungen nur für teure Geräte attraktiv. Da für das Abschließen einer solchen Zusatzversicherung nur ein Klick notwendig ist, finden oft spontane Käufe solcher Versicherungsangebote, vor allem von einkommensschwächeren Konsumenten, statt. An das Preis-/Leistungs-Verhältnis eines solchen Produkts denkt beim Vertragsabschluss nicht jeder Kunde. Ferner findet ein Preisvergleich solcher Versicherungen eher selten statt, was insgesamt das Versicherungsgeschäft für Amazon lukrativer macht.

Bisher ist es für Verbraucher noch relativ schwer und umständlich, für sich die optimale Versicherung zu finden. Komplexe Konditionen sorgen für Intransparenz bei den Versicherungsprodukten, weswegen ein riesiger Maklermarkt besteht und Online-Makler bzw. Vergleichsplattformen wie z.B. Check24 in den vergangenen Jahren sehr stark wachsen konnten. Dazu kommen umfangreiche AGB, vor allem bei komplexeren Versicherungsprodukten, welche maßgeblich den Zeitaufwand eines Interessenten beim Versicherungsabschluss erhöhen. Das weist auf eine hohe Intransparenz in der Branche hin, von der die Versicherungsindustrie lebt, ähnlich wie das der Fall in der Handelslandschaft war (siehe dazu Abschn. 3). Folgende Faktoren sprechen vor allem für die guten Aussichten für Amazon im Versicherungsmarkt.

Riesige Kundenbasis und detaillierteste Kundendaten
Versicherungsunternehmen haben in den meisten Fällen relativ umfangreiche Kundenbestände. So haben die größten deutschen Versicherungen im Haushaltssegment zwischen sechs und 16 Mio. Kunden. Doch im Vergleich mit Amazon ist diese Mitgliedsbasis als relativ gering einzustufen (siehe Abb. 7).

Wie gut die Unternehmenskenntnisse über ihre Kunden sind, bleibt dagegen aufgrund von häufig nicht vorhande-

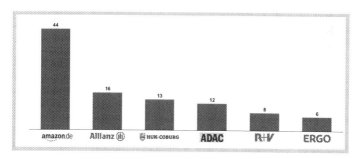

Abb. 7 Kundenzahl von Amazon im Vergleich zu den größten deutschen Versicherungen [2018; Mio. Kunden; Kundenzahl weltweit]. (Quelle: FOSTEC & Company auf Basis von Statista 2018 und Hufford 2018)

nen Systemen für die Datenpflege noch offen. Im Gegensatz dazu erhält Amazon durch Kundensuchanfragen und Kaufentscheidungen sowie durch Sprachbefehle an Alexa wichtige Informationen über Bedürfnisse und Lebensumstände seiner Kunden. Während ein Versicherungsvermittler zwischen 200 und 300 Kunden aktiv betreuen kann, beläuft sich oft sein Gesamtbestand auf bis zu 1000 Kunden (FONDS professionell Multimedia 2019). Das bedeutet, dass der Großteil der Kunden eher inaktiv ist. Darüber hinaus werden zu wenige kundenrelevante Informationen eingepflegt.

Attraktivität von Hausratversicherungen und Zusatzangeboten

Branchenexperten prognostizieren, dass Amazon in den nächsten Jahren eine Hausratversicherung anbieten wird (FONDS professionell Multimedia 2019). So könnte ein solches Versicherungsprodukt samt einem Alexa-Gerät mit einer Haussteuerung zu einem guten Preis angeboten werden. Die Hausratversicherung passt besonders gut zu Amazon, da Amazon bereits gute Beziehungen zu den Haushalten aufbauen konnte und ihre Vorlieben, Zahlungsbereitschaft und die damit verbundenen Risiken kennt. Diese Kenntnisse zusammen mit dem technischen Zugang in den Haushalt über Alexa-Geräte macht eine digitalisierte und maßgeschneiderte Angebotserstellung unkompliziert, wodurch die bestehende (häufig eher durchschnittlich gepflegte) Beziehung zum traditionellen Versicherungsvermittler schnell aufgelöst werden kann. Darüber hinaus können in Kombination mit der Hausratversicherung und der Kreditkarte von Amazon für Prime-Kunden zusätzliche Versicherungsangebote entwickelt werden, so etwa für die über Amazon gebuchten Reisen.

Austauschbarkeit der Versicherer

Amazon wird vermutlich allein keine Versicherungsprodukte entwickeln, sondern sich Partner suchen oder potenzielle Übernahmekandidaten übernehmen. Die Versicherungen können dabei nur ein Mittel sein, um die Kunden für diese Produkte zu gewinnen. Viel interessanter für Amazon ist es, die Kunden durch Versicherungsangebote noch stärker an sich zu binden. Während der Versicherungspartner für Amazon in den ersten Phasen der Produkteinführung entscheidend ist, kann er schon mittelfristig austauschbar sein, da die Schnittstelle zum Kunden von Amazon selbst gepflegt wird. Amazon würde in diesem Schema seine üblichen Produkte, wie zum Beispiel Laptops, über die Plattform verkaufen, diese Produkte absichern, im Versicherungsfall austauschen und gleichzeitig ein weiteres Produktsortiment an Versicherungsprogrammen anbieten.

Reputation und Vertrauen gegenüber Versicherungsmaklern

Der Vorteil von Amazon besteht darin, dass seine Versicherungsangebote über die Plattform unaufdringlich in das gesamte Produktsortiment integriert werden können. Das traditionelle Image eines Versicherungsmaklers, der mit Vertriebstechniken proaktiv versucht, Kunden für den Kauf eines Versicherungsprodukts zu gewinnen, wird dabei durch Amazon vermieden. Durch die harmonisierte Darstellung von Versicherungsprodukten auf Amazon ist für den Konsumenten ferner ein einfacher Vergleich ohne komplexe AGB möglich. Wer nicht glauben kann, dass Amazon die Rolle eines Versicherungsmaklers weitgehend übernehmen kann, sollte sich an die Handelsbranche erinnern. Lange Zeit herrschte auch dort die Meinung, dass ein

Vor-Ort-Vertriebsmitarbeiter es besser kann als Amazon. Innerhalb kurzer Zeit ließ Amazon keine Zweifel daran, dass es die Beratungsrolle eines Verkäufers erfolgreich übernehmen und durch skalierbare Elemente der Plattformökonomie wie Rezensionen und Q&A ersetzt werden kann. Das Skurrile dabei: Amazon als Plattformanbieter entsteht sowohl bei der Erstellung von Produkt-Reviews als auch bei der Beantwortung von Fragen und Antworten (Q&A) selbst kein Aufwand. Andere Kunden übernehmen dies und machen durch die Content-Generierung auf Amazon die Plattform wertvoller. Was außerhalb der Plattformökonomie einen aufwändigen Vertriebsprozess darstellt, ist auf Amazon ein „Self-Service", der keine Kosten für Amazon verursacht und dabei vom Kunden als noch wertvoller und ehrlicher wahrgenommen wird.

Außerdem werden zunehmend digitale Vertriebs- und Kommunikationskanäle, wie zum Beispiel Hot-Line, Chats, E-Mail, Websites und Vergleichsportale, von Kunden angefragt, wodurch zusätzliche Konkurrenz für traditionelle Versicherungsmakler entsteht. Auch Amazon sollte neben den Angeboten über seine Plattform Kunden diese zusätzlichen Kommunikationskanäle anbieten, um einen höheren Marktanteil zu gewinnen.

Eine der wenigen Möglichkeiten für den aktiven Kundenkontakt bei Versicherungsmaklern entsteht in Leistungs- und Schadensfällen, wenn der Kunde selbst proaktiv auf seinen Ansprechpartner zugeht. In solchen Fällen liegt es nur am Makler, ob er es schafft, in diesem Kontakt zusätzliche Produkte zu verkaufen, ohne aufdringlich zu wirken. Außerdem meinen manche Branchenexperten, dass Makler sowohl Kontakterlaubnisse als auch gut gepflegte Kundendaten fehlen, um auf dieser Basis eine systematische und auf Kundenbedürfnisse zugeschnittene Ansprache zu führen. Im Gegensatz zu dieser Meinung bezweifeln jedoch andere

Industriekenner das Fehlen an Daten bei Versicherungsmit-
arbeitern (FONDS professionell Multimedia 2019).

**Customer Convenience von Amazon im Vergleich zu
traditionellen Versicherern**

Die Convenience-Erfahrungen von Millionen der Internet-
Shopper, nämlich die Einfachheit, Preistransparenz, Schnelligkeit und Produktvergleichbarkeit, beeinflussen das Kaufverhalten und können so Kunden von traditionellen
Versicherungsmaklern hin zu Amazon und anderen digitalen Konzernen lenken. Zusätzlich werden während der Produktauswahl weitere individualisierte Produktvorschläge
eingeblendet. Da solche positiven Einkaufserlebnisse mittlerweile ein Standard bei Kunden sind, ist die Wahrscheinlichkeit hoch, dass sie diese Vorteile auch beim Kauf von
Finanzdienstleistungen wünschen werden.

Mit dem gesamten Schatz an Kundendaten sollte außerdem das Risikoniveau der Kunden durch Amazon exakt und
immer aktuell bewertet werden. Das hilft Amazon, das gesamte Versicherungsangebot noch präziser an den Kunden
anzupassen. Obwohl manche Versicherungsgesellschaften die
Wichtigkeit der Digitalisierung und des Datenmanagements
frühzeitig erkannten, haben noch viele Unternehmen in dieser Branche einen Nachholbedarf. Daher hängen die Überle-
benschancen traditioneller Versicherer im Wesentlichen davon ab, wie schnell sie die Lücken in der Digitalisierung
schließen und den Umgang mit Kundendaten durch mo-
derne Technologien und künstliche Intelligenz optimieren.

Zusammenfassend lässt sich schließen, dass die Versicherungsbranche für Amazon gute Wachstumsperspektiven
bietet. Auf der anderen Seite scheinen die meisten Player in
der Branche auf Amazons Einstieg kaum vorbereitet zu
sein. Inwieweit der Versicherungsmarkt von Amazon revolutioniert werden kann, bleibt erst mal abzuwarten.

3.2   Banking

Inzwischen gibt es kaum eine Branche, die unberührt von Amazon und den anderen GAFA-Unternehmen blieb. Eine davon ist das klassische Retail-Banking, da es hier noch keinen ernst zu nehmenden Angriff seitens Amazon gab. Finanzdienstleistungen sind historisch gesehen margenträchtig, für jedermann essenziell und liefern unterschiedliche kundenrelevante Daten. Amazon ist mit seinen bestehenden Bezahlfunktionen, Kreditkarten und Kreditangeboten in diesem Segment bereits aktiv. Außerdem bietet Amazon vernetzte Endgeräteplattformen (Alexa und Echo), die in noch größere digitale Ökosysteme integriert sind. Während eine eigene klassische Online- und Offline-Kundenbank mit großer Produktpalette eher nicht zu Amazon passen würde, gibt es durchaus andere digitale Finanzkonzepte, die Amazon einführen kann. Welche Gründe auf einen möglichen Einstieg von Amazon in die Finanzbranche hinweisen, analysieren wir in diesem Abschnitt.

Digitale Schwäche von Banken

Der Bankensektor verfügt über einen hohen Umsatz und gehört zu den grundlegenden Dienstleistungen, die jede Privatperson und jedes Unternehmen benötigt. Finanzinstitute waren unter den ersten Unternehmungen, die IT-Systeme (zum Beispiel Online-Banking) anwendeten. Heutzutage verfügen Banken je nach Größe über Tausende von unterschiedlichen digitalen Systemen, die oft eher schlecht miteinander verzahnt sind und dadurch ineffizient genutzt werden. Die Kundenbedürfnisse wandeln sich dahingehend um, dass Kunden alle täglichen Bankgeschäfte online erledigen möchten und die altbekannten Kontogebühren nicht tragen wollen. Banken dagegen, die in großen Filialnetzen gebunden sind, führen weiterhin Kontogebühren und geben mittlerweile Marktanteile an bereits erfolgreiche Online-Banken ab. Daher ist der klassische Bankensektor für Amazon und die anderen Internetkonzerne, die für ihre Niedrigpreisstrategien in der Öffentlichkeit bekannt sind, der ideale Markt für die nächste Disruption.

Digitale DNA und Innovationsstärke von Amazon
Der US-Konzern besitzt eine digitale DNA, kennt jeden Mausklick seiner Kunden und analysiert sorgfältig deren Bedürfnisse und Präferenzen. So gewinnt Amazon das langfristige Vertrauen der Konsumenten und bindet sie langfristig durch exklusive Angebote und Vorteile an sich. Mit den gewonnenen Daten und dem Kundenvertrauen ließen sich genauso gut die täglichen Finanzdienstleitungen der Kunden erledigen. Durch die Integration der Bankservices in das gesamte Ökosystem von Amazon würden sich für Kunden weitere Vorteile und für Amazon Kostensynergien ergeben. Mit diesen digitalen Stärken ist für Amazon nahezu jeder Markt und unter anderem der Banking-Sektor angreifbar.

Amazon wird in der Öffentlichkeit als eine der innovativsten und disruptivsten Marken der Welt wahrgenommen. Während der letzten 20 Jahre schaffte es der US-amerikanische Internetkonzern, den gesamten Einkaufsprozess der Kunden zu revolutionieren, und zwar mit besseren Preisen, größerer Produktauswahl und schnellerer Lieferung. Dadurch lernen die Kunden, der Marke Amazon komplett zu vertrauen. Als zum Beispiel die neue Dienstleistung Amazon Payments vorgestellt wurde, waren die meisten Kunden bereit, dieses noch gar nicht existierende Produkt zu nutzen, schon bevor sie dieses ausprobieren konnten. Mit diesem Vertrauen und der vorhandenen digitalen Innovationsstärke kann Amazon Kunden auch von seinen Bankenservices schnell überzeugen.

Ertragskraft des Bankensektors

Wirft man einen Blick auf die operativen Margen deutscher Banken, so stellt man fest, dass diese – wenn auch leicht rückläufig – im Jahr 2017 bei knapp 22 Prozent lagen (Deutsche Bundesbank 2018). Im Vergleich dazu fallen die bekannten Margen von Amazon bei 1 bis 3 Prozent (siehe dazu Abschn. 1) deutlich geringer aus. Dass Amazon geringere Preise für Finanzdienstleistungen verlangen würde, um langfristig die Marktanteile im Finanzsektor zu gewinnen, bleibt von den Banken zu befürchten, da sie hinsichtlich ihrer Renditen und Preise keine solche Flexibilität haben. Das macht die klassischen Banken gegenüber Amazon und den anderen drei GAFA-Konzernen noch angreifbarer.

Beschränkte Wachstumsperspektiven im Bankensektor

In den entwickelten Ländern wachsen die Banken eher langsam und erwirtschaften Gewinne überwiegend mit Zinsen. Da das Niedrigzinsumfeld die Bankgeschäfte schon seit Jahren prägt, geraten die Banken hinsichtlich ihrer Wachstumsperspektiven zunehmend unter Druck. Im Gegensatz dazu zeigt Amazon seit 20 Jahren ein starkes Umsatzwachstum. Nicht mit geringen Zinsen, sondern mit Plattformerlösen, Werbeeinnahmen und IT-Dienstleistungen generiert Amazon mittlerweile über 250 Mrd. Euro Umsatz und ca. 10,3 Mrd. Euro Gewinn. Abgesehen von diesen Wachstumsraten würde der Bankensektor für Amazon in erster Linie relativ geringe Wachstumspotenziale bei gleichzeitig hohen Einstiegsrisiken mit sich bringen. Doch durch diesen Eintritt kann Amazon die Bankindustrie revolutionieren und in kurzer Zeit einen höheren Marktanteil gewinnen. Insgesamt würde dies eine noch größere Kundenbindung für Amazon bedeuten, was unbeschränkte weitere Wachstumsmöglichkeiten in sich birgt.

Starke Regulierung des Finanzsektors

Der gesamte Finanzsektor ist durch die starke staatliche Regulierung in den meisten Ländern geprägt. Diese Regulierung lässt am wenigsten Freiraum für kurze Innovationszyklen und die schnelle Einführung neuer Produkte und Dienstleistungen zu. Im Gegensatz dazu agiert Amazon nach den Prinzipien der schnellen Umsetzung seiner Innovationsideen (siehe dazu Kap. 6.2.3), wodurch der unternehmerische Erfolg von Amazon zu einem großen Teil ermöglicht wurde. Da Amazon mit Sicherheit keine klassische, sondern eine innovative Bündelung an Finanzdienstleistungen anbieten würde, bleibt die Frage offen, inwieweit dies im regulierten Bankenumfeld möglich sein wird. Die Regulierung stellt daher eine Hürde dar, die aber administrierbar ist.

Banking für B2B-Kunden

Außer dem Endkunden-Banking darf das gesamte Banking für Firmenkunden nicht vergessen werden. Dieses inkludiert komplexe Finanzdienstleistungen mit Unternehmen, Finanzierungen, Wertpapieren und Investment-Banking. Diese Dienstleistungen wurden in einem bislang hoch konzentrierten Bankensektor von relativ wenigen Market Playern durch eng verzahnte Banksysteme erbracht. Das Geschäftsmodell von Amazon ist dagegen von einer schier unendlich großen Zahl an Transaktionen, Vertragspartnern und Kunden geprägt. Auf der anderen Seite würde das B2B-Banking das Wachstum von Amazon Business erweitern und dieses unterstützen. Deshalb bleibt an dieser Stelle die Frage offen, inwieweit das B2B-Bankingsegment für Amazon relevant sein kann.

Kundenvertrauen

Aufgrund der ständigen Diskussion über Umgang mit Daten bei Amazon und den anderen GAFA-Giganten wurde das Kundenvertrauen in Big-Tech-Unternehmen in den letzten zwei Jahren insgesamt beeinträchtigt. Facebook und Google waren von diesen Vorwürfen zwar am meisten betroffen, jedoch steht auch Amazon im Fokus dieser Datenschutzdiskussionen. Wie erfolgreich ein neues digitales Unternehmen im Bereich der Finanzdienstleitungen sein kann, zeigt sich am besten am Beispiel von PayPal. Nicht nur die Einführung der ersten Leistungen, sondern auch die ständige Erweiterung des Leistungsspektrums um Rechnungskauf, Transaktionskredite, Kreditlinien, Kartenprodukte, Absatzfinanzierung und mobiles Bezahlen sind mittlerweile die Basis-Services des aktuell größten Online-Bezahldienstes aus den USA. Darüber hinaus zeigt PayPal, wie profitabel dieses Geschäft sein kann. Von seinen Margen sind traditionelle Banken im klassischen Zahlungsverkehr meilenweit entfernt.

Aus den genannten Punkten lässt sich die Aussage ableiten, dass ein Einstieg von Amazon in den Banking-Markt durchaus möglich ist. In welcher Form dies geschehen kann (volles Leistungsspektrum an Finanzdienstleitungen, eigene Bank etc.), wird sich in den nächsten Jahren zeigen.

Literatur

Amazon. (2019). Information on infringement reports. https://www.amazon.com/report/infringement. Zugegriffen am 05.07.2019.

Deutsche Apotheken Zeitschrift. (2017). Amazon gewinnt Pharma-Großhandelslizenzen. https://www.deutsche-apotheker-zeitung.de/news/artikel/2017/11/06/amazon-gewinnt-pharma-grosshandelslizenzen/chapter:1. Zugegriffen am 28.06.2019.

Deutsche Bundesbank. (2018). Die Ertragslage der deutschen Kreditinstitute im Jahr 2017. https://www.bundesbank.de/resource/blob/759806/73b1edc6d411dd1db2c079d26fb9c249/mL/2018-09-ertragslage-data.pdf. Zugegriffen am 02.07.2019.

Digital kompakt. (2018). *Amazon Watch Q1 2018 Beta Journalistenausgabe.* https://digital-kompakt.myshopify.com/products/amazon-watch-q118. Zugegriffen am 27.06.2019.

e-tailment. (2018*). Lebensmittel online bestellen: Für immer in der Nische.* https://etailment.de/news/stories/Amazon%20Fresh-21339. Zugegriffen am 28.06.2019.

FONDS professionell Multimedia. (2019). Faktencheck: Wie real ist die „Amazon-Gefahr" für Versicherer? https://www.fondsprofessionell.de/versicherungen/news/headline/faktencheck-wie-real-ist-die-amazon-gefahr-fuer-versicherer-151512/. Zugegriffen am 02.07.2019.

Frankfurter Allgemeine Zeitung. (2018). Amazon will 3000 Geschäfte ohne Kassen eröffnen. https://www.haz.de/Nachrichten/Wirtschaft/Deutschland-Welt/Amazon-will-3000-Geschaefte-ohne-Kassen-eroeffnen. Zugegriffen am 03.07.2019.

Frankfurter Allgemeine Zeitung. (2020). Amazon knöpft sich die Supermärkte vor. https://www.faz.net/aktuell/wirtschaft/digitec/amazon-go-amazon-betreibt-supermaerkte-ohne-kassen-16672851.html. Zugegriffen am 03.08.2020.

Health Relations. (2018). Die Amazonisierung des Pharmamarketings. https://www.healthrelations.de/die-amazonisierung-der-pharmabranche/. Zugegriffen am 28.06.2019.

Hiskey, T. (2018). The Amazon effect – How manufacturers can gain back momentum. https://www.manufacturing.net/article/2018/10/amazon-effect-how-manufacturers-can-gain-back-momentum. Zugegriffen am 04.07.2019.

Hufford, J. (2018). Amazon statistics: Need to know numbers about Amazon. https://www.nchannel.com/blog/amazon-statistics/#AmazonStatsInfo. Zugegriffen am 14.08.2019.

Internet World Business. (2019). Amazon ist der fünftgrößte Online-Modehändler Deutschlands. https://www.internet-world.de/e-commerce/e-commerce-trends/amazon-fuenftgroesste-online-modehaendler-deutschlands-1685546.html. Zugegriffen am 03.07.2019.

Manager Magazin. (2018). Amazon kauft Online-Apotheke Pillpack. https://www.manager-magazin.de/unternehmen/handel/amazon-kauft-online-apotheke-pillpack-a-1215584.html. Zugegriffen am 28.06.2019.

onlinehändler news. (2016). Amazon-Vertriebsbeschränkungen: Marken & Produkte der Fossil Group ebenfalls betroffen. https://www.onlinehaendler-news.de/online-handel/haendler/27069-amazon-vertriebsbeschraenkungen-fossil-group. Zugegriffen am 05.07.2019.

Statista. (2018). Beliebteste Versicherungsgesellschaften in Deutschland 2018. https://de.statista.com/statistik/daten/studie/182360/umfrage/meistgenutzte-versicherungsgesellschaften/. Zugegriffen am 14.08.2019.

t3n digital pioneers. (2016). Marken boykottieren Amazon: Illusion einer Entscheidungsgewalt. https://t3n.de/news/amazon-marken-fossil-birkenstock-742378/. Zugegriffen am 05.07.2019.

t3n digital pioneers. (2017). Amazon kauft Whole Foods: Die Geschichte hinter dem Deal und die Zukunft der Supermarkt-Kette. https://t3n.de/news/amazon-whole-foods-831834/. Zugegriffen am 28.06.2019.

welt.de. (2017). Warum Birkenstock jetzt der Geduldsfaden reißt. https://www.welt.de/wirtschaft/article171489749/Warum-Birkenstock-jetzt-der-Geduldsfaden-reisst.html. Zugegriffen am 05.07.2019.

welt.de. (2018). So will Amazon die größte Modemarke der Welt werden. https://www.welt.de/icon/mode/article176415686/So-will-Amazon-die-groesste-Modemarke-der-Welt-werden.html. Zugegriffen am 28.06.2019.

WirtschaftsWoche. (2018). Drängt Amazon ins Versicherungs-Geschäft. https://www.wiwo.de/unternehmen/dienstleister/amazon-protect-draengt-amazon-ins-versicherungs-geschaeft/22770212.html. Zugegriffen am 02.07.2019.

Wulfraat, M. (2019). How the „Amazon Effect" is changing the American manufacturing industry forever. *MWPL Internatio-nal.* http://www.mwpvl.com/html/how_amazon_is_changing_the_american_manufacturing_.html. Zugegriffen am 04.07.2019.

Teil III

Was folgt nach Amazon Day 1 – Zukunftsvision und Gefahren

Wenn Amazon
so weiterwachsen wird

Wenn der Leser alle relevanten Informationen aus diesem Buch über Erfolge, Misserfolge und den Management-Stil von Amazons CEO wahrnimmt, lässt sich die Zukunft des Unternehmens leichter vorhersehen. In diesem Kapitel versuchen wir, durch unsere Glaskugel in die Zukunft von Amazon zu sehen. Eines ist dabei sicher: Amazon und sein Team arbeiten schon heute sehr fokussiert an eigenen Entwicklungsszenarien 2030 für das Business Development, Logistik, Personal und andere Bereiche. Obwohl diese Szenarien für Dritte nicht zugänglich sind, leiten wir unsere eigenen Gedanken aus den bisherigen Entwicklungen bei Amazon ab.

Beginnen wir mit dem Gesamtumsatz von Amazon. Im Jahr 2019 lag dieser bei knapp 251 Mrd. Euro mit einem CAGR von 29 Prozent in den Jahren 2010 bis 2019 (siehe dazu Kap. 2.4). Auch mit einer konservativen Annahme von 20 Prozent CAGR bis 2030 würde der Umsatz dann bei über 1300 Mrd. Euro liegen, was Amazon zum umsatzstärksten Unternehmen der Welt machen würde. Wird Amazon dabei in weitere Industrien mit neuen Geschäftsmodellen eindringen? Sicherlich ja, nur ist dies in der vorgenannten Umsatzprognose noch gar nicht berücksichtigt.

© Springer Fachmedien Wiesbaden GmbH, ein Teil von Springer Nature 2021
M. Fost, *Was würde Amazon tun?*,
https://doi.org/10.1007/978-3-658-14565-1_7

Gehen wir einen Schritt weiter und verlassen die rein fi-
nanzwirtschaftliche Sicht. Amazon wurde in den letzten 20
Jahren immer mehr zu einem Infrastrukturunternehmen.
Die nächsten zehn Jahre sollen uns offenbaren, wie weit
Amazon diesen Weg beschreiten wird. Amazon wird die gesamte Infrastruktur im Bereich Produktlieferung, Handel
und Cloud-Dienstleistungen optimieren und den Transport seiner Güter zu Endkunden übernehmen. Schon deshalb ist es realistisch, dass Amazon dadurch die Lieferzeiten
garantieren und Kundenversprechen erfüllen kann. Die
Marke Amazon wird dadurch weiter an Bedeutung gewinnen. So ist vorstellbar, dass Amazon in den nächsten Jahren
eine eigene Flotte von selbstfahrenden Elektrofahrzeugen
und selbstfliegenden Drohnen für die Last-Mile-Lieferung
aufbaut – zumindest in den Ländern, in denen bis dahin
die betreffenden gesetzlichen Entscheidungen getroffen
werden. John Rossmann, ein anerkannter US-amerika-
nischer Amazon-Experte, geht davon aus, dass schon in
zehn Jahren 50 Prozent aller Lieferungen von Amazon
durch Drohnen oder selbstfahrende Elektrofahrzeuge abgewickelt werden können (Rossman 2019, S. 278).

Wird sich Amazon in Richtung eigener industrieller Pro-
duktherstellung bewegen und selbst mobile Geräte, Handys, Fernseher und Laptops produzieren? Vieles spricht dafür, denn Amazon will den Kunden einen direkten Zugang
zu seiner Plattform geben und sich dabei nicht ausschließlich auf Geräte anderer Marken verlassen. Rossman (2019)
geht noch viel weiter in seinen Überlegungen über die Zukunft von Amazon und beschreibt in seinem Buch „Think
Like Amazon" die Konzeption von „Manufacturing-as-a-
Business" by Amazon. In diesem Modell wird Amazon auf
Direktkundenanfrage über 3D-Drucker maßgeschneiderte
Produktmodelle herstellen. Das würde die Lagerkosten, Retouren und das Working Capital reduzieren, denn die Kun-

den werden genau das bestellen, was sie tatsächlich brau-
chen, und sich dies just-in-time liefern lassen. Dieses
Geschäftsmodell ist vor allem als Plattform – eines der pro-
fitabelsten Geschäfte von Amazon – realisierbar: Nicht nur
Amazon, sondern auch Drittanbieter können diesen
On-Demand-Manufacturing-Service anbieten. Auf dieser
„Manufacturing-by-Amazon"(MBA)-Plattform   können
Designer und Entwickler ihre eigenen Modelle entwickeln,
was Amazon zu einem der größten Produzenten weltweit
machen wird (Rossman 2019, S. 279).

Wird Amazon weiterhin Ware von Vendoren einkaufen?
Eher wird der Online-Riese einfache Produkte mittels 3D-
Druckern selbst produzieren. Das würde eine weitere Dis-
ruption in der Wertschöpfungskette ermöglichen, wodurch
Amazon weitere Kosteneinsparungen verzeichnen könnte.
Die ersten Schritte in diese Richtung machte Amazon be-
reits und öffnete im Jahr 2013 eine eigene Plattform für
Hersteller und Lieferanten von 3D-Druckern. Zunächst
muss die 3D-Technologie jedoch die komplette Marktreife
erreichen.

Wie wird es in der Telekommunikationsbranche aussehen? Soll Amazon eigene 5G-Geräte für ein ultraschnelles
Internet einführen? Bei einer hohen Durchdringungsrate
vor allem bei Prime-Kunden (allein in den USA werden es
nahezu 70 Prozent aller Haushalte sein) wird Amazon auch
diesen lukrativen Markt erobern können. Hier sind keine
Wachstumsgrenzen gesetzt, wobei ein Zusammenhang mit
den oben beschriebenen Ideen wie „Manufacturing-as-a-
Service" und die Anwendung von 3D-Druckern zu erkennen ist.

Wird Amazon Fresh die Testphase verlassen und flächendeckend ausgebaut? Ja, wenn Amazon alle einzelnen Glieder der Wertschöpfungskette im Lebendmitteleinzelhandel
beherrschen wird. Der Food-Bereich mit eigenen, viel effi-

zienteren Lebensmittelgeschäften und Amazon Go hat bei Amazon die besten Wachstumsperspektiven und wird den stationären Handel revolutionieren. Dadurch, dass Kameras die Kassen ersetzen, kann Amazon als Nebeneffekt auch den Shopper wesentlich besser verstehen als der Wettbewerb. So wird die Datenhoheit von Amazon als Wettbewerbsvorteil im Online-Handel auch auf den stationären Handel übertragen. Darüber hinaus ist der Einstieg von Amazon ins Urban Farming möglich, was das Eindringen von Amazon in die gesamte Wertschöpfungskette im Segment Food vervollständigen kann. Auch für Alexa soll die nahe Zukunft vielversprechend sein: Die meisten Voice-Interfaces weltweit könnten über Alexa laufen, sowohl in haushalts- als auch in unternehmensweiten Anwendungen, da die Sprachsteuerung an Bedeutung gewinnen wird.

Auch der am schnellsten wachsenden Markt weltweit – Pharma & Health Care – kann von Amazon maßgeblich beeinflusst werden. Der Einstieg von Amazon in den Vertrieb von Arzneimitteln und gesundheitlichen Dienstleistungen wird die gesamte Branche revolutionieren und sie vor allem bequemer für die Endkunden machen. So sind Zusatzleistungen wie die Vereinbarung von Arztterminen (auch „remote") zunächst für Prime-Kunden vorstellbar.

Der profitabelste Geschäftsbereich von Amazon – Amazon Advertising – wird maßgeblich zur Steigerung der gesamten Unternehmensrentabilität beitragen. Hier wird die Konkurrenz zu den GAFA-Wettbewerbern der digitalen Werbung wie Google und Facebook immer spürbarer und Amazon besitzt die besten Voraussetzungen, um die führende Position in diesem Markt einzunehmen.

Wird Amazon außerdem in weitere Länder expandieren? Ja, aber erst dann, wenn die Voraussetzungen für eine erfolgreiche Umsetzung der Geschäftsmodelle von Amazon in diesen Ländern gegeben sind. Dazu gehören unter anderem ein zuverlässiges Logistiksystem und elektronische Zahlungsverfahren sowie transparente gesetzliche Rahmenbedingungen.

Außerdem ist die Expansion von Amazon in Richtung erneuerbare Energieerzeugung vorstellbar, um dadurch den gesamten eigenen Energiebedarf aus erneuerbaren Quellen zu decken. Das sollte sowohl die Fulfillment-Center als auch die AWS-Strukturen betreffen und vor allem profitabel für Amazon sein: Energiekosten werden gespart, während das Image der Marke Amazon weiterhin verbessert wird. Die einzige Größe, bei der trotz der Umsatzsteigerung kein signifikantes Wachstum zu erwarten ist, ist die Mitarbeiterzahl. Denn Amazon wird kontinuierlich Roboter in Betrieb nehmen und die Automatisierung rund um Alexa wird zunehmend repetitive Tätigkeiten in der Organisation ausführen. Der zweite wichtige Punkt, der ebenfalls konstant bleiben dürfte, sind die Unternehmensphilosophie, Werte und Prinzipien von Amazon (siehe Kap. 2.4). Die dritte und finale Konstante in der Amazon-Welt: Es wird auch in zehn Jahren für Jeff Bezos und sein Team nur Day 1 bleiben. Day 2 darf so früh noch nicht kommen. Denn Day 2 ist für Jeff Bezos der Anfang vom Ende.

Werden die Kartellämter weltweit Amazon angreifen, um seine stetig wachsende Marktmacht zu beschränken? Das ewige Wachstum wird früher oder später in Auseinandersetzungen mit Behörden in Europa und Amerika über eine Aufsplittung von Amazon in separate Unternehmen resultieren. Wie viele Unternehmen aus Amazon entstehen werden, wissen wir nicht, aber schon heute besteht Amazon aus Dutzenden von mehr oder weniger autonom agierenden Sparten (Handel, AWS, Logistik, Advertising etc.) und entwickelt ständig viele weitere Einheiten. Eine kartellrechtliche Zerschlagung einer Amazon-Sparte, wie zum Beispiel des Retail, ist nach heutigen Maßstäben schwer vorstellbar, da es einen wettbewerbsrechtlichen Eingriff in einer solchen Dimension historisch betrachtet noch nie gab. In Zeiten des gesellschaftlichen Wandels bleibt es jedoch spannend, den Zeitgeist in den kommenden fünf bis zehn Jahren zu beobachten.

Viel vorhersehbarer als all die obigen Punkte ist die Tatsache, dass Jeff Bezos in Zukunft Jeff Bezos bleiben wird: Er wird weiterhin höchst ambitioniert zu Werke gehen, seine Mitarbeiter herausfordern sowie kleine und große Innovationen und Disruptionen fordern, um seine Ziele mit Amazon zu erreichen. Amazon wird weiter expandieren, bis eines Tages entweder Jeff Bezos die Szene der Weltwirtschaft verlässt oder niemand mehr in seinem Wege stehen wird. Wir werden sehen.

Literatur

Rossman, J. (2019). *Think like Amazon. 50 1/2 ways to become a digital leader*. New York: McGraw-Hill.

Chancen für die Wettbewerber

Kein Unternehmen ist perfekt, auch Amazon nicht und das weiß sein Gründer am besten. Dass Amazon im Jahr 2000 fast Insolvenz anmelden musste, wussten viele Branchenexperten. Obwohl das Unternehmen diese Phase erfolgreich überstand, bedeutet dies für andere Markteilnehmer, dass sie Chancen im Wettbewerb mit dem US-Konzern haben. Gegen externe Einflusskräfte wie Politik, veränderte Marktbedingungen im Kontext des aktuellen Zeitgeistes und disruptive Wettbewerber ist Amazon nicht immun. Daher gehen wir in diesem Kapitel den Chancen des Wettbewerbs von Amazon nach und analysieren bestimmte Schwächen des Geschäftsmodells von Amazon.

Geringe Gewinnmargen erfordern maximale Skalierung
Seit der Unternehmensgründung im Jahr 1994 legt Amazon den Fokus auf kompetitive Preise. Diese Strategie resultiert in relativ geringen Gewinnmargen des US-Unternehmens. So merkte im Jahr 2018 Warren Buffett, der berühmteste Investor der Wirtschaftsgeschichte, dass Apple in einem Quartal (Q1 2018) mehr Gewinn erwirtschaftete als Amazon seit seiner Gründung im Jahr 1994 (Macerkopf 2018).

© Springer Fachmedien Wiesbaden GmbH, ein Teil von Springer Nature 2021
M. Fost, *Was würde Amazon tun?*,
https://doi.org/10.1007/978-3-658-14565-1_8

Demzufolge ist Amazon in Produktsegmenten mit vorwiegend standardisierbaren Produkten, welche ein hohes Absatzvolumen aufweisen, stark. Longtail-Sortimente hingegen, welche ein geringes Volumen, dafür häufig aber hohe Margen aufweisen, werden vorwiegend von Marktplatz-Händlern, welche Amazon als Handelsplattform nutzen, angeboten. Anbieter von Nischenartikeln und Longtail-Sortimenten haben gute Chancen, ihre Produkte über ihren eigenen Online-Shop anzubieten und den Amazon Marktplatz lediglich zur Erhöhung der Reichweite, als Marketingkanal, zu nutzen.

Darüber hinaus wird sich Amazon grundsätzlich auf sehr große und wachstumsstarke Märkte konzentrieren, welche eine enorme Skalierung ermöglichen. Nischen sind für Amazon eher uninteressant und bieten Chancen für Wettbewerber.

Geringer Sortimentsfokus

Auf Amazon werden mittlerweile über 353 Mio. Artikel in über 20 Produktkategorien weltweit verkauft. Darüber hinaus beschäftigt sich der Konzern mit vielen weiteren Bereichen vom Cloud-Computing bis hin zur Filmproduktion (siehe dazu auch Kap. 4). Diese Diversifizierung oder Defokussierung erfordert von Amazon ein breites Spektrum an Innovationen, die der Konzern gleichzeitig entwickeln und umsetzen muss. Das resultiert in einem hohen Koordinationsaufwand und oft in der Veröffentlichung unausgereifter Produkte und Services, was gegebenenfalls zu Verlusten führt. Von Verlusten ließ sich Amazon jedoch noch nie abschrecken, während seine Investoren mehrmals einer anderen Meinung waren.

Sortimentsexperten wie Reuter Bad (www.reuter.de) oder Musikhaus Thomann (www.thomann.de) bieten in ihrer Produktkategorie ein wesentlich breiteres und vor allem tieferes Sortiment an. Vor allem für professionelle Kunden weisen Sortimentsexperten eine höhere Attraktivität gegenüber Generalisten wie Amazon auf. Auch im Hinblick auf die Beratungsqualität und die verbundenen Services können Sortimentsexperten mit einem attraktiveren Dienstleistungsportfolio überzeugen. Daher ist der Aufbau eines Sortimentsexperten in einer dedizierten Produktkategorie eine Strategie mit Erfolgspotenzial für Händler und Hersteller, um außerhalb des Amazon-Ökosystems einen relevanten Distributionskanal aufzubauen.

Fehlendes Produkt-Know-how/fehlende Produktberatung
Amazon ist eine Plattform, welche aus skalierbaren, hoch automatisierten Self-Service-Prozessen besteht. So fokussiert sich der Einkauf von Amazon auf datengetriebene Entscheidungen. Was bei Amazon jedoch kaum ausgeprägt ist, ist das Produkt-Know-how. So müssen Lieferanten nicht mit Musterkoffer in die Amazon-Länderzentralen reisen, da Amazon ohnehin das Vollsortiment listen möchte und sich an Nachfrage-KPIs orientiert. Mit der Vision, den Beschaffungsprozess vollständig zu automatisieren, liegt nahe, dass Amazon auch keine Fachberatung anbietet, da diese eben keinen skalierbaren Service darstellt. Dadurch, dass Amazon keinen Fokus auf Produkt-Know-how in den Bereichen Pre-Sales-/After-Sales-Service, aber auch im Marketing verfügt, beinhaltet das Amazon-Geschäftsmodell Schwächen bei der Distribution von erklärungsbedürftigen Produkten. So hat Amazon Nachteile in Produktsegmenten wie zum Beispiel dem Bad- und Sanitärhandel oder bei Musikgeräten, wo tief gehende Produktexpertise benötigt wird. Hier können Sortimentsexperten wie reuter.de oder das Musikhaus Thomann ihren Vorteil gegenüber Amazon ausspielen.

Produktkategorien mit niedrigem Umsatzvolumen

Noch gibt es Produktkategorien, in welchen der Umsatz von Amazon relativ gering ist (Fashion, B2B-Plattform, Lebensmittel, Musikinstrumente, siehe dazu auch siehe Kapitel 4). Dies ist trotz der vielen Akquisitionen, wie zum Beispiel Zappos (Online-Vertrieb von Schuhen) oder BuyVIP (Shopping-Community für Fashion Auslaufartikel großer Brands), der Fall. Als Grund für die aktuell noch verbesserungsfähige Marktposition von Amazon in solchen Produktsegmenten ist oft der fehlende Individualisierungsspielraum von Amazon, der kaum Anpassungsmöglichkeiten der Shop-Struktur an bestimmte Produktgruppen bietet, zu nennen. Dadurch klebt an Amazon das Image einer Commodity-Plattform, auf der alles zu kaufen ist, aber ein besonderer Fokus fehlt. Wettbewerber wie Zalando und About You im Fashion-Bereich nutzen das aus und haben es jeweils geschafft, ein Unicorn (Unternehmen mit einer Marktkapitalisierung > 1 Mrd. EUR) neben Amazon aufzubauen, indem deren Shop-Front-End inklusive sämtlicher Features vollständig auf die Kategorie Fashion ausgerichtet ist.

Qualitätssicherung auf Amazon Marketplace

Über 6 Mio. Händler sind weltweit auf Amazon Marketplace aktiv (Marketplace Pulse 2019). Bei dieser Zahl der Händler genügt es nicht, wenn nur Amazon die Qualität der Händler kontrolliert. Diese Tatsache wird vom deutschen Handel oft als Grund für die Aversion gegen Amazon genannt. Die mangelnde Kontrolle führt zu Plagiaten, dem Angebot von Produkten in geringer Qualität und zur Unzufriedenheit bei den Endkunden. Obwohl Amazon an diesem Problem arbeitet, ist hier noch ein weiterer Verbesserungsbedarf zu erkennen.

Dieser Umstand bietet Anbietern von Luxus-, Premium- oder auch sicherheitsrelevanten Produkten Potenzial. So verbietet Bernard Arnault – der CEO des Luxus-Konglomerat LVMH, zu dem Marken wie Moët & Chandon, Dom Pérignon, Louis Vuitton, Tiffany etc. gehören, seinen Beteiligungen die aktive Distribution der Produkte über Amazon. Analog zu diesem Beispiel verfolgen diverse Hersteller aus dem Luxus- und Premium-Segment die Distribution auf Amazon, da der Marktplatz nicht ausschließen kann, dass deren Produkte nicht neben preisgünstigen Anbietern dargestellt werden, sodass das Milieu der Marke hierdurch geschädigt wird. Online-Pure-Player wie farfetch.com, mytheresa.com und Multi-Channel-Anbieter wie Breuninger machen sich dieser Schwäche zunutze, indem sie jeweils ein E-Commerce-Angebot bereitstellen, welches auf das Segment der Luxus-Fashion und der Designer-Mode ausgerichtet ist und als Sortimentsexperte agiert.

Mangelnde Qualität der Lieferantensysteme im Vendor- und Seller-Central

Hersteller in einer direkten Geschäftsbeziehung mit Amazon nutzen das sogenannte Amazon Vendor-Central, während Händler im Amazon Marketplace das Amazon-Seller-Central-System nutzen. Vor allem das Vendor-Central ist fehleranfällig und weist keine gute User Experience für Lieferanten auf. Amazon fokussiert sich auf Kunden, weniger auf die Lieferanten. Hersteller im Vendor-Umfeld benötigen daher in der Regel Zusatzsoftware, um effizient im Vendor-Central arbeiten zu können. In diesem Umfeld bestehen Chancen für Drittanbieter, welche Tools zum Management auf Amazon anbieten, um die Steuerung des Verkaufskanals Amazon einfacher zu gestalten. Zudem ist Amazon abhängig davon, eine hohe Nachfrage für seine Anbieter generieren zu können, damit sich Lieferanten der Plattform mittelfristig nicht abwenden.

Expansion asiatischer E-Commerce-Konzerne wie Alibaba in Europa

Obwohl die Marktmacht von Amazon in den USA und Westeuropa stark ist, gilt Amazons Marktanteil in den schnell wachsenden asiatischen Märkten als gering bzw. nicht relevant. Im Gegensatz dazu steigern Alibaba und JD (die zwei größten Online-Unternehmen in China) ihre Umsätze in ähnlichem Tempo wie Amazon. Dass die chinesischen Unternehmen Richtung Westen expandieren können, ist durchaus realistisch. Das würde ebenfalls die Marktposition von Amazon in den bereits erworbenen Märkten von den USA und Europa gefährden. Durch kompetitive Preise, hohe Produktverfügbarkeit und einen besseren Umgang mit Vertragspartnern können die asiatischen Unternehmen ernsthafte Konkurrenz für den US-Giganten werden. Davon können sowohl Endkunden durch noch bessere Preise als auch kleinere Händler durch verbesserte Verkaufsbedingungen profitieren.

Für viele Markenhersteller in Europa und den USA wäre ein Gegengewicht zur Monopolstellung von Amazon wünschenswert. Aktuell besteht vor allem im Bereich von standardisierten Commodity-Produkten eine Abhängigkeit von Amazon, welche hierdurch in Zukunft aufgelöst werden könnte.

Mangelhaftes Image bei Stakeholdern außerhalb der Kunden

Mit der Marke Amazon verbindet die Öffentlichkeit nicht nur eine unbeschränkte Produktauswahl und guten Kundenservice. Seit Jahren begleiten negative Nachrichten über die Arbeitsbedingungen von Amazons Mitarbeitern in den Fulfillment Centern und Steuerzahlungen die Erfolge des US-Unternehmens. Darüber hinaus ist die Marke Amazon bei Handelsunternehmen und kleinen Unternehmen, die ihre Marktanteile an Amazon abgeben mussten (siehe dazu Abschn. 3), wenig beliebt. Dem Handel und Kleinunternehmen schließen sich auch Markenhersteller an, die Amazon für Preis- und Margenerosionen durch seine Niedrigpreisstrategie verantwortlich machen. Amazon präsentiert sich einerseits als das kundenfreundlichste Unternehmen der Welt, andererseits agiert der Online-Riese mit voller Härte gegenüber seinen Lieferanten, wenn es um Konditionen oder Geschäftsbedingungen geht. Amazon schreibt Vertragspartnern einseitige Geschäftsbedingungen vor, deren Nicht-Einhaltung zu Strafzahlungen (sogenannten Chargebacks) führt. Getrieben durch interne Profitabilitätsziele üben Amazons Vendor-Manager ständigen Druck bei Preisverhandlungen auf die Lieferanten aus. Daraus resultiert ein teilweise negatives Image von Amazon und bietet dadurch Chancen für andere Marktteilnehmer, die es schaffen, sich in der Öffentlichkeit gegenüber allen Stakeholdern und nicht nur den Kunden als fairer Partner zu positionieren.

Die Otto Group versucht, sich mit ihrem Plattformprojekt Otto Market diesen Nachteil von Amazon zu Nutze zu machen, indem sie ihre E-Commerce-Plattform öffnet, um diese Lieferanten als Marktplatz anzubieten. Der Go-Live soll im Frühjahr 2020 erfolgen. Otto präsentiert sich hierbei als kooperativer Partner für Kunden und Lieferanten gleichermaßen. So sollen dem Lieferanten faire und transparente Konditionen angeboten werden. Ohne Anspruch auf Vollständigkeit zeigen die vorgenannten Chancen für Wettbewerber auf, in welchen Bereichen Amazon von anderen Marktteilnehmern geschlagen werden kann.

Literatur

cnbc. (2018). Jeff Bezos to employees: ‚One day, Amazon will fail' but our job is to delay it as long as possible. https://www.cnbc.com/2018/11/15/bezos-tells-employees-one-day-amazon-will-fail-and-to-stay-hungry.html. Zugegriffen am 02.07.2019.

Macerkopf. (2018). Apple erwirtschaftet in drei Monaten mehr Gewinn, als Amazon seit seiner Gründung. https://www.macerkopf.de/2018/05/14/apple-monaten-gewinn-amazon-gruendung/. Zugegriffen am 02.07.2019.

Marketplace Pulse (2019): Number of Sellers on Amazon Marketplace. Available online. https://www.marketplacepulse.com/amazon/number-of-sellers/. Zugegriffen am 07.02.2019.

Politischer Einfluss auf Amazons Wachstum und andere Stolpersteine für Amazons Wachstum

Amazon erntete dank seiner Erfolge (siehe Abschn. 1) nicht nur Lob: Die Öffentlichkeit kritisierte das Unternehmen zunehmend für seinen Druck auf Lieferanten, für Preiskriege und die Art und Weise, wie Amazon die Steuer (nicht) zahlt. Die steigende Marktmacht Amazons auf der einen Seite und die sinkende Finanzkraft von US-Bundesstaaten in den Krisenjahren 2007 bis 2009 führte zu großen Auseinandersetzungen aufgrund der Umsatzsteuer, die Amazon dank existierender Steuerlücken für Online-Unternehmen in vielen Regionen nicht zahlen musste. Diese Ausnahmeregelungen bildeten strategische Vorteile für Amazon und ermöglichten dem Unternehmen die eigene Niedrigpreispolitik. Das Instrumentarium Amazons im Steuerkrieg ist limitiert, aber wirkungsvoll: Jobs. Bei Ankündigungen der Bundesstaaten über Steuererhöhungen warnte Amazon die Behörden vor, ihre Fulfillment Center dort zu schließen und keine neuen zu bauen. So konnte Amazon seine Ausnahmeposition in Texas, Tennessee und South Carolina sichern. Wie ein guter Schachspieler bot Jeff Bezos der US-Regierung außerdem im Gegenzug an, ein einheitliches Steuersystem für E-Commerce in allen US-Staaten einzuführen und alle E-Commerce Unterneh-

© Springer Fachmedien Wiesbaden GmbH, ein Teil von Springer Nature 2021
M. Fost, *Was würde Amazon tun?*,
https://doi.org/10.1007/978-3-658-14565-1_9

men einheitlich zu besteuern. Zwar würde dies ein Ende der Steuervergünstigungen für Amazon bedeuten, doch auf der anderen Seite würde sich das Unternehmen eine positive und starke Position in der Öffentlichkeit sichern. Darüber hinaus hatte sich Amazon das Recht gesichert, in der Nähe von Großstädten wie Los Angeles und San Francisco neue Logistikzentren aufzubauen.

Auf der anderen Seite konsolidierten sich die größten Offline-Händler, darunter Walmart, Target, Best Buy, Home Depot und Sears in einer Allianz der „Main Street Fairness", um gegen die steigende Macht Amazons vorzugehen. Der Populismus war ein ständiger Begleiter dieser Allianz, deren Motto sogar lautete: kleine Familiengeschäfte in Städten schützen. Die eigene Rolle der Händler im Strukturwandel der Regionen, in denen am meisten kleine Geschäfte nach dem Bau eines neuen Big-Box-Einkaufszentrums schlossen, blieb dabei unberücksichtigt. Trotz des großen Gewichts der Allianz-Mitglieder erzielte diese Union bislang keine langfristigen Erfolge gegen Amazon – am Ende entscheidet immer der Kunde, wo er kauft. Da Amazon auch in diesen schwierigen Zeiten dem eigenen Motto – absoluten Kundenfokus beizubehalten – treu war, genießt Amazon nach wie vor einen guten Ruf bei Online-Shoppern.

Die dritte Seite, von der Amazon beeinflusst wird, sind Hersteller selbst. Im Laufe der 2000er-Jahre stellten Marken wie Wüsthof (Premiummarke für Haushaltsmesser), Dyson (Staubsauger), Sony, Black & Decker, Apple und andere immer wieder ihre Lieferungen an Amazon ein, da Letzterer die Mindestpreise der Hersteller in den USA verletzte, wo die MAP (= Minimum Advertising Price) Regelung aktiv ist. Da Amazon für viele Marken bereits heute der größte Vertriebskanal ist, kehren auch große Marken nach Abbruch der Beziehung mit Amazon nach einiger

Zeit (in der Regel nach zwei bis drei Jahren) wieder zu Amazon zurück.

Manche Innovationen von Amazon werden von der Politik genauso proaktiv angegriffen, wie das bei Amazons Wettbewerbern der Fall ist. Ende 2011 präsentierte Amazon eine neue App für den Produktpreisvergleich zwischen Offline-Händlern und Amazon. So konnte jeder Nutzer den Strichcode eines Produkts direkt in einem Einkaufszentrum einscannen und den Preis auf Amazon anschauen. Die App löste eine Welle von Kritik in der Öffentlichkeit aus. Amazon wurde vorgeworfen, Preise der Konkurrenz ausspionieren zu wollen. Das warf Licht auf eine viel wichtigere Frage: Wird Amazon immer noch als innovatives Unternehmen angesehen, das im Interesse seiner Kunden handelt, oder eher als ein Monopolist, der versucht, seine Marktmacht zu Lasten der Konkurrenz einzusetzen? Diese Frage bleibt in diesem Buch leider unbeantwortet, wenn es denn überhaupt eine Antwort darauf geben kann. Die Zeit wird auch hier zeigen, wie Amazon mit solchen „Nebenwirkungen" des eigenen Erfolgs umgeht und derartige Probleme löst. Der Kunde wird am Ende entscheiden, wie er die Marke Amazon wahrnimmt.

So innovativ das Unternehmen aus Seattle ist, so besorgt sind mittlerweile die Weltregierungen in den USA, Deutschland und ganz Europa wegen der steigenden Marktmacht des US-amerikanischen Konzerns. Nicht nur Amazon fällt unter die Kategorie der „potenziellen Monopolisten", deren Einfluss auf die Wirtschaft zur Hemmung der Konkurrenz führen kann. Die weiteren Unternehmen aus dieser Gruppe – Google, Facebook und vielleicht noch Apple und Microsoft – sind samt Amazon im Prinzip gleichzeitig die größten Konkurrenten unter sich selbst. Obwohl staatliche Eingriffe in die Marktwirtschaft als letztes Lösungsmittel seitens der Regierung angesehen werden,

werden die Stimmen für eine stärkere Regulierung der führenden Unternehmen der Plattformökonomie, darunter auch Amazon, immer lauter. Diese Regulierung wird die Zukunft von Amazon unmittelbar beeinflussen. Im vorliegenden Kapitel werden drei mögliche Szenarien der zukünftigen Entwicklung einer staatlichen Regulierung hinsichtlich Amazon betrachtet.

Stolperstein I: Zwanghafte Neutralität

Aktuell fordern einige Politiker in den USA und Europa, dass sich Amazon und die anderen GAFA-Unternehmen neutral gegenüber den anderen Händlern verhalten. Konkret bedeutet das, dass Amazon mit eigenen Angeboten nicht in Konkurrenz zu seinen Vertriebspartnern (zum Beispiel Händlern auf der Marketplace Plattform) stehen darf. Die GAFA-Unternehmen sehen eine solche Forderung als Beschränkung ihrer unternehmerischen Freiheit. Sollte diese Forderung tatsächlich umgesetzt werden, dürfte Amazon zum Beispiel keine Eigenmarken produzieren und diese über die Plattform anbieten. Vorgeworfen wird Amazon unter anderem schon seit Jahren, dass es die Bestsellerprodukte der Händler auf Amazon ausspioniert und diese Artikel anschließend unter der Marke Amazon Basics selbst produziert und verkauft. Durch die Anwendung digitaler Algorithmen stellt Amazon sowohl fest, welche Produkte gut laufen, als auch deren Preise und Kundenbewertungen. Durch die eigene Finanzkraft setzt Amazon für seine Artikel niedrigere Preise und verdrängt somit kleinere Händler aus dem Markt. Das Top-Management von Amazon weist solche Vorwürfe zurück und behauptet, dass niemand auf solche Daten bei Amazon zugreifen dürfte (WirtschaftsWoche 2019). Ein zweites Argument seitens Amazon zur Selbstverteidigung sei es, Lebensmittelmärkte dürfen ohne

Beschränkungen Eigenmarken produzieren, warum dann Amazon nicht?

Bei den Konkurrenten und „GAFA-Alliierten" sieht es ähnlich aus: Apple wäre durch diese Neutralitätsforderung auch betroffen. So kündigte Tim Cook, CEO von Apple, an, die Streaming-Dienste Apple Music und TV+ auszubauen. Dabei wird sich die Konkurrenz zu Spotify und Netflix verschärfen, deren Nutzer aktuell entsprechende Apps über den Apple Store herunterladen müssen. Spotify beschwerte sich bereits in Brüssel, da Apple unter anderem das Ausrollen von Updates für Spotify mehrmals verzögerte. Außerdem sei der Wettbewerb benachteiligt, da Apple für seine über App Store angebotenen Dienste zwischen 15 und 30 Prozent der Einnahmen verlangt und dadurch gleichzeitig der „Schiedsrichter und Spieler" sei (Frankfurter Allgemeine Zeitung 2019).

Stolperstein 2: Zerschlagung

Eine Aufspaltung von Amazon und anderen Big-Tech-Unternehmen aus dem Silicon Valley wird als zweite Option im politischen Umfeld diskutiert. Seit mehr als 100 Jahren kämpfen die USA mit „Monopolen" und spalten dabei bei Bedarf besonders große Unternehmen auf. So wurde 1911 das Ölimperium von John D. Rockefeller Standard Oil Company in 34 einzelne, voneinander unabhängige Firmen zerschlagen. Noch im gleichen Jahr erlebte der Konzern American Tobacco ein ähnliches Schicksal, 34 Jahre später wurde durch Washington der Aluminiumkonzern Alcoa aufgespalten. American Telephone & Telegraph Company (AT&T) wurde durch die Regierung im Jahr 1982 in ähnlicher Art umstrukturiert. Ein letztes bekanntes Aufspaltungsverfahren wurde im Jahr 2001 gegen Microsoft durchgeführt, jedoch blieb der Konzern nicht zerschlagen.

Die Aufspaltung droht nun auch Amazon und den anderen drei GAFA-Internetgiganten. So können in diesem Fall die einzelnen Sparten von Amazon (Retail Services, AWS, Amazon Business etc., siehe dazu Kap. 4) zu unabhängigen Unternehmen umgewandelt werden. Bei Facebook, das eine Zerschlagung am meisten fürchtet, könnten die früher erworbenen Nachrichtendienste Instagram und WhatsApp wieder ausgegliedert werden. Darüber hinaus sollen zukünftig Übernahme-Deals im Bereich Digitalisierung nur ausnahmsweise genehmigt werden. Verhindert werden sollen vor allem Übernahmen von kleineren Unternehmen, die möglicherweise für die GAFA aus der Wettbewerbsperspektive gefährlich sind. Die Reaktion der GAFA-Unternehmen war die Ankündigung, die bestehenden Unternehmensspalten noch stärker miteinander zu verzahnen. Dadurch wird eine spätere Zerschlagung der Unternehmen deutlich schwieriger, worauf Experten hinweisen (WirtschaftsWoche 2019).

Aus diesem Grund wird in der US-Regierung nach kreativen und effektiven Lösungen gesucht. Denn eine Aufspaltung wird das ursprüngliche Problem der stark wachsenden Unternehmen wie Amazon und Co. nicht lösen. Das Ziel der US-Regierung heißt dabei offiziell, die negativen Folgen der GAFA-Konzerne für den Wettbewerb in der Tech-Branche zu eliminieren und die freie marktwirtschaftliche Konkurrenz zu fördern. Mögliche milliardenschwere Strafzahlungen sowie rückwirkende Ablehnungen hinsichtlich der abgeschlossenen Übernahmen können kontraproduktiv wirken und falsche Signale setzen.

Stolperstein 3: Offenlegung der Kundendaten
Im dritten Szenario verlangen die Behörden, dass alle Nutzerdaten vollständig von Plattform zu Plattform mitgenommen werden können. So ist angedacht, dass Nutzer ihre

Kontakte, geteilte Bilder, verschickte Nachrichten unter anderem zu einem konkurrierenden Unternehmen sollen migrieren lassen können. Facebook zum Beispiel sollte seine Plattform für andere soziale Netzwerke öffnen genauso wie Amazon für andere Online-Marktplätze. Eine solche Aufforderung würde grundsätzlich die datenbasierten Geschäftsmodelle der GAFA-Unternehmen bedrohen, da ihr wichtigstes Vermögen – die Kundendaten – nicht mehr exklusiv den vier Unternehmen aus Silicon Valley gehören würden.

Die US-Regierung überlegt sich aktuell, eine spezielle Behörde für diese Zwecke aufzubauen. Zurzeit unter dem abstrakten Namen Digital Authority zusammengefasst, sollte die Instanz vor allem die GAFA-Internetkonzerne unter die Lupe nehmen. Dadurch kann die Big-Tech-Industrie zu einer kontrollierten Wirtschaftszone werden. Unter solchen Umständen nimmt die Nervosität bei den Top-Managern der GAFA-Konzerne zu. So äußerte sich Apples CEO Tim Cook negativ über einige GAFA-Unternehmen (ohne ihre Namen zu nennen), deren unprofessioneller Umgang mit Kundendaten zu solchen Regierungsangriffen geführt haben soll. In diesem Zusammenhang geriet Facebook in den letzten zwei Jahren zunehmend in die Kritik der Öffentlichkeit. Aufgrund mehrerer Vorfälle mit Datenmissbrauch über Facebook verlor das Unternehmen seine Reputation und wird oft „Zeitbombe" genannt. Durch solche Regulierungsmaßnahmen soll diese Bombe entschärft werden. Im Silicon Valley selbst gibt es mittlerweile Vorwürfe gegen die GAFA-Unternehmen, die angeblich einen unangemessenen Umgang mit Daten aus anderen (kleineren) Internetplattformen zulassen. So beschwerte sich der Gründer der Vergleichsplattform Yelp, dass Google die Daten aus seiner Plattform missbrauche. Die US-Behörden reagieren entsprechend auf solche Vorfälle hinsichtlich des Wettbewerbs und der Marktmacht. Als Resultat werden die GAFA-Unternehmen, die selbst alles über ihre Nutzer wissen, nun auch einer detaillierten Analyse der Behörden unterzogen. Obwohl konkret noch keine Maßnahmen umgesetzt wurden, weist die generelle Stimmung in der Öffentlichkeit auf gravierende Änderungen für die GAFA-Internetkonzerne hin.

Rein juristisch und im Sinne eines Monopols sind die vier Big-Tech-Unternehmen noch nicht angreifbar. Das liegt an der geltenden Gesetzlage in den USA, die noch auf dem Sherman Antitrust Act vom Jahr 1890 beruht. Auf dessen Basis wurden die eingangs beschriebenen Standard Oil Company, AT & T und Co. aufgespalten. Jedoch hält dieses Gesetz fest, dass ein Monopol an sich keine negativen Folgen hat, wenn in erster Linie die Preise für Verbraucher nicht steigen. Das trifft im Falle der GAFA-Konzerne und grundsätzlich aller Digitalunternehmen nicht zu. Denn Amazon trug zum Beispiel wesentlich dazu bei, dass die Endkundenpreise im Bereich Handel reduziert wurden. Darüber hinaus bieten Facebook und Google den Endnutzern ihre Leistungen kostenlos an und werden selbst aus den Werbeeinnahmen finanziert. Die Online-Werbung für Unternehmen auf Google und Facebook ist wiederum kostenpflichtig und kann grundsätzlich zu einem Preisdruck auf Unternehmenskunden führen. Amazon wird an dieser Stelle vorgeworfen, Produktpreise so niedrig zu halten, dass kaum jemand mit diesen Preisen Profite machen kann. Während Amazon aus den Gewinnen im Bereich Cloud-Computing quersubventioniert werden kann, führt Amazons Niedrigpreisstrategie zur Marktverdrängung kleinerer Händler. Hingegen haben auch andere große Unternehmen kaum Möglichkeiten für die Querfinanzierung ihrer Geschäftsbereiche.

Literatur

Frankfurter Allgemeine Zeitung. (2019). Apple an Spotify: Wir haben euch erst groß gemacht. https://www.faz.net/aktuell/wirtschaft/diginomics/apple-wehrt-sich-gegen-spotify-nach-eu-beschwerde-16090496.html. Zugegriffen am 01.07.2019.

WirtschaftsWoche. (2019). Staatsfeind Nummer 1 bis 4. *WirtschaftsWoche, 26*, 26–30.

Über den Autor

Markus Fost (MBA) ist Experte für E-Commerce, Online-Geschäftsmodelle und digitale Transformation und verfügt über eine breite Erfahrung in den Feldern Strategie, Organisation, Corporate Finance und operative Restrukturierung.

Seine Beratungsschwerpunkte umfassen Wachstums-, Akquisitions- und Pricing-Strategien. Er fokussiert sich auf Wachstumsstrategien und den Aufbau neuer Geschäftsmodelle innerhalb der (digitalen) Plattformökonomie. Zu seinen Kunden zählen multinationale Konzerne und mittelständische Unternehmen mit einem breiten Branchenumfeld: Automotive, Bauwirtschaft, Fashion, Industrie- und Konsumgüter, Handel und Medien.

Markus Fost ist Gründer und Geschäftsführer der Strategieberatung FOSTEC & Company GmbH mit

© Springer Fachmedien Wiesbaden GmbH, ein Teil von Springer Nature 2021
M. Fost, *Was würde Amazon tun?*,
https://doi.org/10.1007/978-3-658-14565-1

Schwerpunkt Digitalisierung sowie der Beteiligungsgesellschaft FOSTEC Ventures GmbH. Er ist zudem Dozent
und Lehrbeauftragter im Fach E-Commerce und Autor diverser Fachbücher, unter anderem beim Springer Gabler
Verlag.

Ob es um Amazon-Strategien für Markenhersteller oder
Pricing-Themen geht – Markus Fost vermittelt anhand von
Praxisbeispielen wertvolles Wissen mit echtem Mehrwert
und stellt sich individuell auf sein Publikum ein. Mit sei-
nem Know-how zu Digitalisierungs- und E-Commerce-
Themen wird er regelmäßig als Experte von Print- und
Online-Medien zurate gezogen.

E-Mail: markus.fost@fostec.com

Tel. +49 (0) 711 995857-10

Fax. +49 (0) 711 995857-99

Über FOSTEC & Company

FOSTEC & Company GmbH ist eine unabhängige und inhabergeführte Strategieberatungs-Boutique mit den Schwerpunkten Digitalisierung und E-Commerce. Das Leistungsspektrum umfasst die Entwicklung und Adaption von maßgeschneiderten digitalen Geschäftsmodellen, E-Commerce-Distributionsstrategien sowie die damit verbundene digitale Transformation von Unternehmen. Durch seine Erfahrungen aus diversen eigenkapitalfinanzierten Ventures unterstützt FOSTEC & Company nicht nur bei der Strategieentwicklung, sondern bringt seine Expertise auch in die Operationalisierung und Umsetzung ein. FOSTEC & Company wurde 2015 von Markus Fost gegründet und sitzt in Stuttgart.

© Springer Fachmedien Wiesbaden GmbH, ein Teil von Springer Nature 2021
M. Fost, *Was würde Amazon tun?*,
https://doi.org/10.1007/978-3-658-14565-1

FOSTEC Ventures GmbH macht vielversprechende digitale Start-ups zu Cashflow-Unternehmen. Mit ihrem Tochterunternehmen, der Strategieberatung FOSTEC & Company GmbH, unterstützt sie Start-ups dabei, ihre Ideen in tragfähige und erfolgreiche Geschäftsmodelle zu verwandeln. FOSTEC Ventures ist eine private Beteiligungsgesellschaft mit 100 Prozent Eigenkapital. Das Unternehmen stellt nicht nur schnell und unkompliziert Kapital zur Verfügung, sondern auch unternehmerische Expertise, Netzwerk und Marktzugang. FOSTEC Ventures wurde 2015 von Markus Fost gegründet und hat bereits mehrere Start-ups erfolgreich unterstützt und begleitet.

Servicespektrum von FOSTEC & Company
Strategieberatung mit Fokus E-Commerce & Digitalisierung

		INTELLIGENCE	STRATEGIE	TRANSFORMATION	EXECUTION
	HOLISTISCH	Potentialanalyse (Nachfrage, Sortiment, Pricing)	Unternehmensstrategie	Geschäftsmodell-Entwicklung & Plattformökonomie	Internationalisierungsstrategie	Projekt Management Office (PMO)
		Customer Journey & Persona Analyse	Wachstumsstrategie	Preisstrategie & Vertriebssysteme	Digitaler Turnaround	Performance Reporting & Business Intelligence
	E-COMMERCE	Big Data & Analyse	Direkt-Vertrieb & Affiliate	E-Commerce Readiness (Prozesse, etc.)	Strategic Organizational Design & Governance	Design von High Performance Teams
		Peer-Gruppen / Neue Wettbewerber-Analyse	E-Commerce Distributionsstrategie	Online-Marktplätze • Amazon • eBay	E-Commerce Organisation	Task Forces für Implementierung
		Commercial Due Diligence (CDD)	Third Party eRetailer Strategie	• Tmall/ JD.com • Andere Marktplätze	Transformation im E-Commerce	Post Merger Integration (PMI)
	DIGITALISIERUNG	E-Business Due Diligence (EDD)	Digitaler Disruptions-Health Check	Industrie 4.0	Digitale Transformationsstrategie	Agiles Purpose-Driven Kollaborationskonzept
						Digitaler Beirat / Board Advisory
		IT & Technical Due Diligence	Digital Readiness	Internet of Things (IoT)	Digitale operative Exzellenz	Performance Improvement (PI) via Digitalisierung
		HR & People Due Diligence	Digitale Disruptionsstrategie	Machine Learning / (AI) Künstliche Intelligenz	Lean-Digitalisierung von White-Collar	Collaboration Tools im Kontext New Work

Printed in the United States
by Baker & Taylor Publisher Services